娱乐时代的美军形象塑造系列译丛

后浪

America's Digital Army :
Games at Work and War

张力 李相影 主编

美国的数字陆军
关于工作及战争的游戏

Robertson Allen

[美] 罗伯逊·艾伦 著
曲平 陈兴圆 译

民主与建设出版社
·北京·

人是为游戏而生的。除此之外别无他物。每一个孩子都知道游戏比工作更好……但是所有游戏都致力于创造战争情景,让玩家从中尝试获得机会或价值,这种赌博式的尝试完全吞噬了游戏及其玩家。

——科麦克·麦卡锡,《血色子午线》

总　序

好样子与好镜子

样子就是形象。按照传播学大师麦克卢汉的"媒体环境"理论，在全媒体时代，样子早已不是样子本身，而是样子留给大众的印象，是那个被各种媒介不断塑造的样子。

很久以来，军队职能的唯一性，决定了军队样子的单一性；样子的单一性，又制约着样子塑造的单调性。古今中外，概莫能外。进入后工业时代，战争与和平的界限越来越模糊，平时是战时的延续，平时就是战时。信息时代，网络战、舆论战、心理战、思想战等新的作战样式层出不穷，传统意义上的战争面貌已发生根本性改变。

未来学家阿尔文·托夫勒说，人类以什么样的方式生产，就以什么样的方式打仗。当人类社会进入信息化、网络化时代，纳米技术、量子通信、人工智能、无人驾驶等新概念、新技术的军事化应用，以及由此拓展的新的战场疆域和军事文化，不但刷新着人们对现代战争的认知，而且迅速改变着现代军队和现代军人的样子。

战场上，子弹、炮火可以对目标进行硬杀伤。然而，胜战之道，贵在夺志。赢得战争，未必赢得民心。民心才是最重要的政治因素，亦是战略性政治资源。处在信息化战争前沿的现代军人，如何同时打赢战场和舆论场这两场战争，是必须要面对和破解的胜战之问。简言之，新时代强军之道，除了要锻造"能打胜仗"的"好样子"，还必须铸造"塑造态势"的"好镜子"。

"9·11"事件后，美国为重塑全球形象，缓解在阿拉伯乃至伊斯兰世界的形象危机，启动了一场针对特定受众、采取特定方式的战略传播计划。实践近十年后，奥巴马总统正式向国会提交了一份《国家战略传播架构》报告。由此开始，"战略传播"成为美国实施全球文化软实力影响的代名词。报告开篇即强调："在我们所有的努力中，有效的战略传播对于维护美国的全球合法性以及支持美国的政策目标至关重要。"

美国的战略传播概念，强调统筹协调使用美国国内外军、政、商、民等各界力量资源，针对既定目标受众，进行一体化设计、精准化传播、持续化影响。战略传播被定义为"精心设计的传播"。这标志着美国已经将国内外形象传播提升到国家战略高度。

对美军而言，在全球公众中塑造正义、强大、富有人情味的军队形象，是美军战略传播的重要目标。美军认为：一方面，通过展示美军的强大，可以对对手形成战略威慑；另一方面，通过展示美军的正义性和亲近性，可以获取目标受众对美军的心理认同。为此，美军专门设有公共事务部门负责军队形象塑造。

"精心设计的传播"离不开对受众心理的精细研究，离不开对大众传媒的精妙运用。长期以来，美国战争大片、美军战争游戏、美军视频节目等娱乐产品，以公众习以为常、喜闻乐见的方式，送达每一位目标受众的眼前。而且，因为这些产品实际上已完成市场化转换，最后以商品形式流通至全世界，目标受众最终以购买形式进行消费。每完成一次消费，也就意味着消费者（目标受众）心甘情愿地接受了一次价值观的洗礼。

美国的战略传播的手段，是要统筹协调使用全国力量资源，这里面自然就包括其金融科技、军工媒介、教育娱乐等国际领先行业。尤其借助好莱坞、互联网的全球市场优势，美军实施的"嵌入式"传播时常占据行业头部资源，而这一现象已有数十年历史。1986年，一部海军招飞电影《壮志凌云》成为全球大卖商业片，实现了形象感召和市场票房双丰收。2002年，一款美国陆军征兵游戏《美国陆军》上线，后来变成全球畅销至今的军事网游。美军不但用它征兵练兵，还用它宣传教育，并最终将其培育成一条庞大的产业链。

近年来，在美军的战略传播实践中，以游戏、影视、视频等为行业代表的军事与市场的双轮驱动，犹如鸟之两翼，共同托起了美军全球形象的有效传播，且逐渐发展成一种你中有我、我中有你，军民共赢、互相成就的"军事-娱乐复合体"。至此，"看不见的宣传"最终通过市场这只手，变成"看得见且喜闻乐见的宣传"，"精心设计的传播"最终通过商业逻辑，变成既产生GDP又催生战斗力的新业态。"好样子"与"好镜子"在这里完美结合。

他山之石，可以攻玉。首次引进出版的这套"娱乐时代的美军形象塑造系列译丛",是对"军事 - 娱乐复合体"这一特殊现象的案例式介绍和分析。希望通过书中原汁原味的讲解,能引发国内相关部门和读者对美军这一现象的关注和研究。

张力

2020 年 7 月于北京

目 录

第一章　美国的数字陆军　　　　　　　　　　　　　1

第二章　劝说的艺术及人力科学　　　　　　　　　43

第三章　虚拟及真实的技巧　　　　　　　　　　　73

第四章　陆军体验的全频谱软推销　　　　　　　109

第五章　军事-娱乐复合体的复杂化　　　　　　147

第六章　虚拟战士的工作　　　　　　　　　　　189

后　记　　　　　　　　　　　　　　　　　　　209

致　谢　　　　　　　　　　　　　　　　　　　215

词汇表　　　　　　　　　　　　　　　　　　　218

第一章

美国的数字陆军

> 这场行动发生在一个饱受压迫而又蛮荒的国家——波兰、爱尔兰、威尼斯共和国,某个南美洲或者巴尔干半岛国家……
> ——豪尔赫·路易斯·博尔豪斯,《背叛者和英雄的主题》

PJ 参战

PJ 的世界不大,充满了紧张感。[1] 他身在一条只有四街区长的大街,街边上是一排废弃的商店、酒店和饭店,还停了些车辆。两条东向、一条西向的相互平行的小巷子延伸了主街道。天空明亮而多云,在灰褐色的建筑物和碎瓦砾上投照出浅浅的阴影,这个城市叫特瓦拉兹米。然而 PJ 对这些细节并不太在意,因为他知道他和他的队友们有一个非常重要的任务要去执行。PJ 的班长特鲁瑟早些时候给他们讲解了这次任务的内容:一队护送着重要人物的泽瓦尼亚敌军士兵正在快速接近。PJ 并不知道这个重要人物是谁及他为何如此重要，PJ 也不知道这个任务的战略意义及政治复杂性。这些信息跟他都毫无关系。他只知道他们班的任务是不惜一切代价，在重要人物到达位于城市另外一端的撤离地点之前把这个目标人物杀死。

包括 A 火力小组及班长在内的五个同伴向西负责窄巷的出口。PJ 的小组是 B 火力小组，负责切断东边敌军重要人物可能撤出的线路。PJ 小组的两名成员跑上楼梯，准备登上房顶以观察主街，此时他的小组组长劳·布里格尔喊起了 PJ 参军时被赋予的代号全名："迷豹，跟我来！""没问题，劳·布里格尔。"PJ 回答道。他们向北移动，然后下到东边的一条窄巷，飞速地跑上台阶，又转过几个街角。劳·布里格尔继续死命往北跑到巷子深处。PJ 跟着他，但是有点犹豫，根据经验他知道这样不谨慎的战术往往意味着很快送死。因此 PJ 没这么做，他检查了侧翼和自己所处位置，拿出了 M16A4 步枪上的金属瞄准器。他掩护着劳·布里格尔继续冲入黑暗的巷子，但是他知道这对于他的小组长来说起不了什么保护作用。

其实 PJ 自己还是经验不足的士兵，但他知道劳·布里格尔的这种行为其实就是同伴经常蔑称的"新手"行为。他告诉自己，劳·布里格尔只能从实践中得到教训了。如意料之中的那样，当他的火力小组组长穿过巷子跑向宾馆开着的后门时，他听见了在很近的角落里泽瓦尼亚机枪发出的死亡怒吼。他知道没有听从劳·布里格尔的命令是他做出的正确选择。PJ 通过金属瞄准器看见一个藏身于宾馆里的泽瓦尼亚士兵向劳·布里格尔射出了一轮又一轮子弹。PJ 的小组长倒向了地面，受了重伤无法动弹，但是还没死。"我能看

2

见他。他在宾馆门内右侧。"劳·布里格尔通过对讲机跟 PJ 说。然而过了一会儿，敌军士兵慢慢切入窄巷，以确保劳·布里格尔彻底丧失后续作战的能力。PJ 躲在阴影里等待，直到敌军来到他的视线范围内，然后不断开火。敌军士兵倒地了，摔在劳·布里格尔身边。

PJ 静静地等待，他认为可能有另一名敌军就在附近掩护这名敌军的侧翼。但是 PJ 能够听到这个受伤的士兵在对讲机里用他自己的语言跟同伴沟通，可能是在不断呼叫医疗救助并知会其同伴 PJ 的位置："Priypa Hesti！ Enepria Verdite！ Enepria Verdite！"PJ 知道要尽快让这个受伤的敌军士兵闭嘴，但是他犹豫着不能杀掉这名敌人，因为这将严重违反美军交战守则。违反交战守则在特定的冲突地区时有发生，但是 PJ 知道这种不光彩的行为会导致自己马上被收押到莱文沃斯堡。PJ 去过那里，他不想再去了。所以 PJ 决定这次不当战争犯，他小心地检查了这名士兵，解除了其通信装备，让对方失去了后续作战能力。

PJ 一直在留意听着 A 火力小组同伴们的紧张交谈，他们正陷于西翼的交火当中。此时劳·布里格尔还在大量出血，他的右胳膊、胸部及右腿多处中弹。尽管现在 PJ 认为劳·布里格尔作为队友来说是个负担，但是他也知道，只要能够短暂分散敌军的注意力，救治劳·布里格尔就多一个能参战的同伴。而且这么做也能赢得劳·布里格尔的感谢，让 PJ 在班里成员的眼里更有面子，还可能为他赢得一枚奖章。PJ 爬向劳·布里格尔，在实施了他在基本战斗救生训练中学到的 15 秒紧急救助之后，劳·布里格尔的多处枪伤被包扎好了，并重新站了起来。枪伤使得这名火力小组组长不能快速行动，但他的加入对于PJ来说等于多了一杆枪和一双眼睛。

　　几乎是同时，两名敌军的影子从巷子北边广场的植物后出现了。"两个人朝我们过来了。"劳·布里格尔大声喊道。PJ听到了奥伯朗枪击中劳·布里格尔和自己盔甲的声音。PJ没有停下来检查劳·布里格尔的情况。劳·布里格尔现在很可能已经死了。PJ转身冲进了宾馆，离快速靠近的敌人越远越好。他冲上旋转楼梯，又穿过一个大堂，冲进一个空房间。他蜷缩着身体，背顶着墙，等待着。他觉得自己像个懦夫一样躲在宾馆的房间里，但是如果他处置得当，这就是最佳的策略。他评估了一下自己的伤势：左肩轻微擦伤，并没有严重出血；还有一处子弹直接射中了胸部，但是被盔甲挡住并没有受伤。他与队友的无线电通信依然畅通，使他向还活着的其他同伴发布了这个重要的信息："两名敌军从宾馆后门进来了。其中一个看起来可能是重要人物。我在二楼，边上的房间。""我来了，"回答的是他的班长特鲁瑟，"我想就剩我俩了。"

　　当他等待着同伴出现以及他的最佳的现身时机时，PJ回顾了一下最近这几周的经历。从新兵训练营到特瓦拉兹米市没几周，但是这段时间经历了无数的"生死"和失败，也经历了很多激动人心的胜利。每一次失误，PJ都从中学习并且提升了自己的技术，他也交了很多朋友，应该说是兄弟，他愿意为这些人冒生命危险。在这个战区里他也确实这么做过好几次了，甚至为他们而死。几天前，他及另外两个人就在这同一个房间里被一个敌军新兵从开着的窗户扔进来的手榴弹炸死了。

　　PJ被一阵来自楼下大堂的枪声从回忆里带回来。显然是特鲁瑟找到了追杀他的两名敌军士兵中的一个。楼下传来一声手榴弹的巨响，之后一切都寂静了。可能有一名敌军士兵死于爆炸，也可能没有。但是特鲁瑟肯定是死了，因为通信器里他的声音消失了。PJ听到二楼隐秘的房间里有动静，有人正在观察小巷。他端着武器，悄悄地走下大堂。转过角去，他看见重要人物正背对着门看着窗外。听到可疑的动静，重要人物动了动要转过头来，但是太迟了——整整一弹夹子弹打中了重要人物的头部。他当场死亡，没有骨头的碎片或者脑浆飞出窗外，只有一处红爆出来，重要人物就像个麻袋一样倒在地上。

PJ完成了任务。庆祝的音乐响起，同时游戏世界停止了计时。PJ已经阵亡的战友们发出了一阵欢呼。他们虽然死了但还是可以继续观摩整个行动。特鲁瑟祝贺PJ："太棒了，兄弟！""谢谢你救我出来。"劳·布里格尔说。两分钟之后另外一个截然不同的场景在这个巷道世界里发生了，同样还是这些死而复生的士兵。然而这次PJ没那么谨慎也没那么幸运，随着他脖子中弹大量出血，只能沉重地呼吸着空气，屏幕变红了，然后转黑。同样的场景一遍又一遍重复着。可能下一次PJ的任务是保护重要人物而不是杀死他，可能在某一生里他就是重要人物本人。随着PJ在"美国陆军"里服役时间的不断延长，这种排列组合的可能性越多。但是不断的杀戮与死亡、胜利与失败、荣誉与团队合作是PJ所学会的唯一主题。

陆军游戏项目组

在PJ这个战争故事里，缺少了一条鲜明的战争主线。PJ与他的敌人和队友之间的互动体现了种种元素，隐隐指向了他是一个神秘的非人类体。事实上PJ是一个人类与计算机的混合体，他是一个游戏用户在线数字游戏里的替代假体。迷豹（也就是PJ）是当我第一次玩电子游戏《美国陆军3》时电脑自动生成给我的名字（玩家可以给自己起名，或者也可以沿用电脑生成的名字）。PJ的叙述线可能是个非常夸张的战争故事，但是对于一个"暂停怀疑"以便沉浸在游戏环境中的玩家而言，PJ的经历，以及延伸到扮演PJ的玩家身上的经历和体验是非常真实具体并且深刻的，他们与PJ一起感同身受。电子游戏充满魔力的一面是，它可以引起肾上腺素的飙升，让你真实体验心跳加速的感觉与其他的感官体验及人际交流。这种真实的体验和感觉与PJ的战争故事一起，使那些对军事题材电子游戏不是很熟悉的人感到十分新奇。但是对世界各地数以千万计的以第一人称视角参与射击游戏和其他竞技游戏的玩家来说，这也没什么不同。

　　至少从20世纪70年代后期开始，这种单一叙事视角的虚拟战争游戏就出现了，PJ的故事也是这个套路。但是跟其他游戏不同的是，这个游戏是由美国陆军资助和制作的，并且能够在个人电脑端公开地自由接入。《美国陆军3》发布于2009年夏天，这个游戏的骨灰级玩家能够分辨出这场PJ的战斗发生在一个叫"小巷（多云天气）"的游戏场景里，任务类型是"重要人物"（见图1）。他们——大部分《美国陆军》的玩家都是男性——可以分辨出PJ经过的房间和门，还能想象出拉手榴弹的细微声响以及子弹击中地板或者墙面的弹跳。（游戏中的很多声音都是在部队射击场上真实录制的武器声

图1 《美国陆军3》里名为"小巷"的游戏场景

响）他们能直观地理解个人电脑游戏中不会言明的法则和界面，而没怎么接触过此类游戏的新手会迷失在这些法则之中。

这个扮演PJ的电脑游戏玩家很可能不是部队现役军人，也没有兴趣参军，尽管很多《美国陆军》的玩家是退伍军人或者未来的服役者。毕竟《美国陆军》这款游戏是美国陆军精心制作的互动式广告。但如同绝大多数广告一样，只有很小一部分体验者买账。

然而陆军也不需要或者没有期望每名玩家都能被劝说参军。一名《美国陆军》的玩家通过体验之后对军事术语更加熟悉，比如对军事规范、军队的优先事务，以及军队对这个世界的思考方式等接受度变得更高，这些都算游戏成功的一部分。这就是美国军方长期投资数字娱乐产业和有说服力的交互技术的根本原因，很多人认为这样的投资超出了军方所做或该做的范畴。

陆军于2002年7月4号发布了《美国陆军》的最初版本供大众免费下载及在线游玩，一开始大众只把这款游戏当作一个新鲜玩意儿，而不是什么能够极大地影响未来游戏、参军招募或者军事训练的东西。游戏评论家首先想知道军方能不能做出一款好游戏，尤其是这个游戏自称（而且看起来不是开玩笑的）其中一个目标是"告知美国大众关于美国陆军的就业机会、高科技投入、价值观及团队精神"。免费游戏的吸引力，加上类似《反恐精英》这类在线竞技类游戏的越来越流行，使得这款游戏受到了大众的欢迎。世界各地不计其数的玩家把它当作一种娱乐和社交的流行方式。"后9·11"/伊拉克战争前的时代背景给这款游戏的发行开了个成功的好头，新媒体不断暗示"9·11恐怖袭击"和伊拉克萨达姆·侯赛因政府之间的关系，以便为布什政府出兵伊拉克谋求正名。[2] 这样一款设置在中东背景下的、由美国陆军参与战斗的游戏，让玩家们觉得这款游戏单薄的叙事线满足了他们寻找替代方案发挥使命感的愿望。

这个游戏在21世纪头十年不断发展，改版成一款多视角多重任务的游戏。它定期发布升级版本，并且不断位居最多人参与的在线游戏榜单之列。在2009年，吉尼斯世界纪录授予其5项世界纪录，体现了它对交互式媒体及军事类游戏发展产生的巨大而深远的历史影响。这些奖项看起来经过了精心的政治打造以确保只有这一个游戏能获得，包括最大的虚拟部队（约970万注册用户，大概是真实美国陆军的8倍）、战争类电子游戏最多下载次数（420万次下载）、最长扮演同一射击手用户在线时长（直到2008年8月，时长达23100万小时）、最早的电子游戏军事网站、最大的移动游戏模拟器。[3]这款游戏的后续版本，例如《美国陆军3》（2009），提供了如训练战士和改良未来武器技术发展的应用等更多的升级版本。曾经规模很小的《美国陆军》项目组，用设计师们自己的话来说，原本只是想凭感觉弄个东西出来，现在迅速地扩张成为一个庞大的商业和军事机构，改称"陆军游戏项目组"。

陆军游戏项目组想要取得一个有力而又艰难的平衡，这个天平一边是快速发展的知识经济和商业模型，另一边是缓慢发展而又层级分明的军队和官僚政府。游戏开发工作和军事工作两者之间方式截然不同的矛盾非常明显。这个项目组在21世纪的头十年走在"严肃游戏"和军事娱乐潮流的最前沿，其衍生产品广为流传，不仅跨互动娱乐（游戏）产业，还横跨不断发展的军事仿真产业。2002年，当征兵率由于出兵阿富汗而下跌时，陆军游戏项目组及《美国陆军》很大程度地推动了陆军向潜在应招者及大众做征兵动员工作。它也推动了武器发展、武器及领导层训练与创伤后压力心理障碍症（PTSD）恢复的软件包开发。

位于罗利、洛杉矶、圣弗朗西斯科、西雅图、奥兰多等地的商业、政府、军事研究室结成了巨大的网，负责为《美国陆军》这个游戏做出更适应娱乐和政府发展的设计，位于美国军事学院和靠近亚拉巴马州亨兹维尔的"红石兵工厂"（也是平台维护的地方）负责整个设计的把控。在互动娱乐的一面，美国陆军建立了与知名游戏公司之间的协议。游戏产业巨头育碧公司推出了这个游戏基于PS2、Xbox、Xbox360平台的版本，英佩游戏公司将其受欢迎度最高的商用游戏引擎授权给了陆军游戏项目组,这种引擎大量使用在第一人称视角射击游戏中。在巅峰的时候,《美国陆军》的运营商有数款电脑及电视游戏、一批活跃的游戏玩家、两条《美国陆军》特种部队公仔的塑料生产线、一款投币式街机电子游戏和一款手机游戏。

《美国陆军》平台在费城的一家高科技企业里,它与五角大楼、当地陆军征兵中心、地区高中、销售公司和富兰克林米尔斯购物中心一同合作实施一个被称为"陆军体验中心"的为期两年的实验计划,该计划针对的是大城市里住在郊区的不太富裕的非白人族群,而这些族群以往一般是很难征兵的。陆军游戏项目组更管理着一个一万平方英尺"移动任务模拟器"的开发和实施。这个模拟器被称为"虚拟陆军体验",于 2007 年到 2009 年在美国不断进行巡回表演,参加各种航空展、州展、全国运动汽车竞赛协会的活动,在这些展览上举办一场迪士尼风格的 20 分钟浸入式模拟军队游戏/征兵体验。

以上是陆军游戏项目组在娱乐、招募及公共延伸部分的一些例子。其他《美国陆军》平台的应用还为美国军方及政府组织提供了用以武器开发与士兵受训和受伤恢复的软件。例如,其中一个软件教导那些还未受过基本训练的新兵一些基础的陆上导航、军事地图读图和急救的相关知识。另外一个早期的政府运用软件训练美国的秘密特工。其他突出运用这个游戏技术的政府应用包括近距离实弹交战模拟器、军事护航技能模拟器,这两个模拟器都用于训练士兵在处于敌军火力压制之类的压力情况下快速有效地做出作战决策。

陆军游戏项目组有如此广泛的网状结构的应用的原因，以及陆军将如此高水平的应用置于广受欢迎的第一人称视角射击类电子游戏文化之中，其好处是多种多样的。除了作为一个有效又划算的招募男青年的市场推广工具之外，游戏的设计者还想通过模拟昂贵的装备以更低的成本训练士兵，减少征兵的消耗。2003年军方为每名新征入伍者花费了13000美元，其中1900美元用在广告宣传上（前一数据包括这些陆军士兵的薪酬）。游戏的设计者希望通过让新兵使用这个"在进入新兵营之前就能有真实的加入美国陆军之感"的平台，能够把基础训练的中途退出率和陆军承担的高昂费用降下来（即使新兵中途退出，费用依旧很高）。工资奖金、教育激励，以及陆军将其本身作为一个有吸引力而非无奈之选的职业选择的市场推广，都在这种保留策略中发挥了作用。

关于战争游戏的工作

本书最关键的主题是"通过数字技术为发动战争者进行征兵及训练"，该主题也会在以后的行文中不断以不同形式出现。总的来说，我将调查关注点放在三种不同的"工作"上，这三项工作是诸如《美国陆军》这些互动式技术出于军事目的希望寻求捕捉和控制的。第一项，也是最基础的工作形式是处于目标受众环境下的这个游戏本身。包括考虑各种植入游戏中的"洗脑"信息、军队设计和研究游戏目标受众的方式，以及这个游戏如何明确地向其玩家传达出意识形态立场（例如这个国家的假想敌）。我更深入地挖掘调查了这个游戏设计者和营销者们如何理解《美国陆军》及他们在其中的工作。

尽管如此,这种游戏工作只有在能够被应用到真实的募兵行动时才能对大部分的军事战略起效。我研究的第二种工作形式,是"在数字游戏中征招士兵或者即将被征招的士兵"的工作。尽管做得远超于此,但《美国陆军》在这15年间存在的首要目的是协助部队征兵及训练。通过虚拟技术对士兵进行训练及恢复是一个快速发展的产业,也是《美国陆军》这个平台在持续努力的方向。自2009年《美国陆军》的征兵任务让路于该形势时起,我也质疑过将一个游戏当作招募工作的首选可靠途径的意义。可能是因为现在的第一人称射击及其他军事类主题商业游戏的市场也在起到招募的作用,甚至连《美国陆军》的商业版都在拥有更大量粉丝基础的、更为真实的电子游戏面前逊色,比如几乎年年都出新版的"使命召唤"和"战地"系列。

第三项工作更为宽泛,这也是本书的主要诉求:我认为《美国陆军》这样的具有军事基础和军事题材的游戏技术参与了美国社会的军事化,塑造了每一个人,甚至非游戏玩家,使其成为可以部署的虚拟战士。我说的"虚拟"代表的不仅是通常意义上的"数字的",也指它更古老的含义——"还未被现实化的",也就是"潜在的"。从某种意义上来说我们都是虚拟战士,因为事实上的参军或者具备参军的意愿和能力并不是成为一个虚拟战士的决定性因素。虚拟战士的概念化是在体系层面的,比如军方。文化军事化和军事化主体形成的过程曾经主要局限于军事体制本身,而在现行的后福特主义资本体系下，这种过程现在跨越了一个更平滑、层次不那么分明的空间，包括技术和娱乐、劳动力结构和商业结构，以及其他机构（例如监狱、学校和宗教组织）。通过这种方式，就算是最没有参军意愿的人也会成为一名虚拟战士。我将以《美国陆军》雇员们的工作来举例，阐明虚拟战士是如何实现的，然后更深入地探究我作为一个该项目组以外的研究人员，如何在某种形式上变得更适合这项工作。我也是，并且现在仍是一名虚拟战士。

所有的电子游戏都在体制内运行和创作。有的也对体制提出挑战，但游戏开发工作永远取决于经济和政治因素。在《美国陆军》这个案例里，项目组在2001年美国入侵和占领阿富汗期间及2003年伊拉克战争前后一段时期内都受到了良好的资助。在那期间军方对于人力与征兵的需求急剧上升，对项目组来说资金来得很容易。该项目组树立了陆军制度上的敌我，对很多固化而又昂贵的传统征兵模式提出了挑战。随着2008年经济低迷，因为就业率下降，美国军方的征召率上升了。征兵更为容易，诸如陆军游戏项目组之类的新方案发现他们曾一度相对可靠的资助在2009年急剧下跌。2016年，该项目资金也大大缩水，前景未明，战争经济塑造的社会充斥着互动景象，同时被大量过载的信息模糊了注意力，因此《美国陆军》和其他陆军游戏项目组产品的发行出现此类问题是非常正常的。

人类学学者通过与人、机构、文本和记忆进行互动来进行人类学的研究。在后续篇章中，我将逐一呈现这一过程。我之所以选择对陆军游戏项目组的研究进行调查，是因为该项目有着让人着迷的历史和深度，它触及了美国工艺精神的核心，阐明了众多政治、经济和社会文化事件。这些事件中最重要的是军事化的全球趋势，这种趋势必须要在更广的层面上去理解。其他事件还包括工作本质的改变、媒体如何对军队进行加强或提出挑战。像《美国陆军》一样，本书也是一个特殊的项目，立志成为一个理解21世纪初期军事化、娱乐和劳动力内在联系的更好途径之一。

开始实地调查

本章我将介绍陆军游戏项目组的相关故事。在我的实地调查工作中，我使用了各种我认为最有用及最有相关性的人类学工具。参与式观察是一种数据收集方式，它让人类学学者能常自我反思，这是我的首选方式。我记录了6段与游戏开发者、陆军军官和士兵、积极分子、公关代表，以及产业专业人员的采访，还记录了无数跟这些人私下吃午饭、喝咖啡、喝啤酒时候的对话。我在加利福尼亚州埃默里维尔《美国陆军》游戏开发工作室有自己的办公室，在6个月的时间里我每个星期都出现在那儿，开视频会议，花好几个星期时间玩《美国陆军》，通常是在进行游戏测试的时候跟游戏研发人员一起玩。我还做客参与了无数的官方活动，如参观军营、参与市场推广、参观游戏公司，以及征兵工作。我前往印第安纳州，在那儿我花了3周时间参加州博览会和印第安纳波利斯航空展，然后开车到费城，跟课后参观陆军体验中心的中学生一起打游戏。我作为媒体代表参加了电子游戏工业两场盛会，主持了《美国陆军》运营商的圆桌会议讨论，还见证了超过30人的下岗，他们当中的很多人是我在这些年工作交往中结交的朋友。我以录像、手写笔记、文档收集、照片或者其他当时合适的形式记录了这些和其他参与观察的数据。

对《美国陆军》核心的实地调查之旅来自对电子游戏的终身热情。尽管我认为自己是一个军事类第一人称视角射击类游戏（以及其他种类游戏）的天生玩家，但是我跟士兵、游戏开发者、推广者及政府项目主管们的交流并不是以一个局内人士的视角展开的。我常常痴迷于打游戏，但是这并没有让我成为一个游戏开发者或者推广者。我有在军队的家人和朋友，但是当我刚开始这个项目的时候，我就是一个局外人。作为一个局外人，我选择研究陆军游戏项目组，通过大量广泛研究《美国陆军》的开发、营销及推广人员，以找寻这个项目的联系和意义。

我最初被《美国陆军》吸引是在2005年的冬天，正值我研究生一年级。我刚在日本完成3年的英语教学回到西雅图，重拾了过去打游戏的老习惯。对我而言，打游戏这个习惯是我学习和工作的对立面，然而这种对立对我来说有趣又必要。美国对伊拉克的战争正在全面进行，让媒体的注意力离开了阿富汗战场，而乔治·W. 布什刚刚连任。作为西雅图的一名人类学研究生，我被商业-军事主题的第一人称射击类游戏在市场上的萌发所吸引，这种萌发在我看来是从一场非正义的战争当中牟利的行为。我因为自己从此类游戏中体验快感而觉得不安，而不是像许多人认为的那样因沉迷于游戏的暴力当中所以感到不安。这种不安的感觉无论从我个人还是从学术的角度来说，都让我觉得应该挖掘其更深层次的原因。

我对于那些暗示电子游戏是暴力和长期压迫的首要根源的说法历来感到厌烦，尤其是新闻媒体总是将其作为大规模枪击事件源头的替罪羊。关于电子游戏效应（也就是暴力和长期压迫效应），人们通常都对已知的结果揪着不放，然而关于电子游戏和真实的犯罪之间是否存在确凿联系却一直未经证实。因此，我对军事主题第一人称射击类游戏的研究并不源自它们之中呈现的暴力或者其他暴力游戏效应，而是关注于这类游戏中呈现的意识形态和政治信息。拿《冲突：沙漠风暴》和《冲突：沙漠风暴2——重返巴格达》游戏举例，这两个游戏的背景是20世纪90年代的海湾战争，但是很有战略眼光地选择在2003年伊拉克战争前期作为一款商业游戏发行，并随着战事的发展不断推进。该游戏和其他游戏及媒体一起，为布什政府发动战争的鹰派决策起了推动作用。而这个决策实际上错误地暗指了2001年基地组织发动的"9·11"恐怖袭击事件与伊拉克萨达姆·侯赛因政府有所关联。我玩的其他一些貌似无害的游戏，比如我最爱的"文明"系列，试图使殖民侵略者正义化并且倡导使用战争而不是外交方式来解决争议。这些要素在我玩的游戏里久久不绝，但是我必须清醒地认识到，我是反对美国进行战争的，我玩的这些游戏都是战争的代言，而我并不喜欢这样的方式。

我的不安感使我更加批判地看待我玩的游戏，并促使我开始了对于军事类主题第一人称射击类游戏的小研究。我开始玩《美国陆军》，并且阅读更多最新的游戏研究的学术书籍，那个时候此类研究才刚刚起步。2005年"广告游戏"——具有改变意义的游戏——及"用游戏作为教育工具"的概念产生并占据了行业研究的主流，包括《美国陆军》和其他军事训练仿真游戏在内的"严肃游戏"大行其道。

我发现，奇怪的是美国陆军资助《美国陆军》的最初目的实际来源于另外一种不安，他们认为商业化军事类主题第一人称射击类游戏中描绘的美国陆军形象以及美国战争行为是不对的。当我关注这些游戏隐含的信息，即通过以爱国主义（常常是种族主义、殖民主义、侵略主义）为外包装的意识形态主题来支持实际发生的战争的时候，美国陆军认为这些游戏以错误的方式代表了美国军队。"使命召唤""战地"的游戏运营商及其他商业运营商，使玩家通过玩他们的游戏满足了单兵作战的个体需求，而不是作为一个高度合作的军事作战小组进行团队合作。陆军希望能够强调团队协作，也希望能够将设计导向非"兰博"式的"跑和打"方式。基于这个原因，《美国陆军》有意将玩家设计成身体更容易受伤（但不是心理或者情绪受伤。相比而言，大部分的商业-军事类游戏将玩家的健康系统设计成受了13次枪伤后还能躲在岩石后面，只要吸几口气就能迅速回血的状态）。商业娱乐媒体里经常描写的、可以未经批准就随心所欲大开杀戒的士兵也是陆军官员的关注点之一。他们希望战士的形象应该是"做正确的事"，应该在国家法律和国际法的约束之下行动。陆军更希望通过电子游戏宣扬陆军的工作及其提供给官兵的可能的职业选择，尽管这些年的经验已经证明第一人称射击类游戏很难达成这项目标。

当我了解到《美国陆军》的这些目标之后，我就将我的研究范围缩小到这一个游戏上，不过在后续的研究过程中实际也超过了这个范围。我迅速意识到这个游戏正处于战争过程当中一个尴尬又有意思的节点上，它既涉及了互动娱乐，又具有政治意味。各方人士根据自身倾向性的不同，对这个游戏有不同的见解和诠释。尽管陆军想要将游戏中的暴力要素限制在一定范围内，左/右翼反暴力人士仍然会质疑这个游戏的道德观。当我跟相熟的左翼学者讨论这个游戏的时候，他们大部分都认为我应该批判这样一个由军方开发并且意在激发青少年暴力的军事电子游戏。例如我过去所在院系的一位教授坚持认为所有此类暴力电子游戏都是"不雅的"。诚然，大部分游戏肯定有这样那样的问题，值得引起足够的思考和批判，就像我在本书中所做的关于《美国陆军》的各种研究一样。然而，基于文化相对性及现实原因，我并不认为在一开始就带有这样的推论来展开研究是一件明智的事情，因为我还要努力赢得长期接触陆军游戏项目组军方和地方人员的机会。

  因此我选择了以典型的人类学研究方式开始这项研究，保留意见，但是同时也带有一定的观点和倾向性。我希望发现个人和组织是如何理解他们作为陆军游戏项目组成员的。我决定从高层开始接触，虽然我对于能否收到回复不抱有希望。2006年晚春，我给西点军校该项目组的主任凯西·沃丁斯基博士发了一封邮件，他是一名经济学教授，也是一名上校。我告诉他作为一名人类学家，我希望研究军事类游戏开发背后的进程，我着重强调了人类学的本质及我本人想要在公共机构进行研究的强烈意愿。我曾经与《美国陆军》前执行官麦克·芝达接触过，与他接触的经验告诉我，陆军不可能会接受一个不知名的人类学研究生进入他们的游戏开发部门做研究。芝达在邮件里这么回复我："你有极小的可能性进入该部门。他们非常忙，对想研究他们的人非常谨慎。"我已经做好了从外部进行研究的心理准备。

让我惊讶的是沃丁斯基回复了我的信息，经过几封邮件的交流后，他于2006年7月邀请我到西点军校他的办公室去。当我第一次开车沿着帕利塞兹车道快到西点镇的时候，那里的风景如画，让我觉得根本不像一个军校所在地。但是那里确实有一座军营在山顶，占据了哈得孙河极佳的战略位置，哈得孙河从哈得孙高地一路向南，流向纽约市。在这个军营大门的前面是西点镇，到处弥漫着一股学术而又惬意的生活气息。

沃丁斯基的办公地点在经济和人力资源分析办公室，自1995年起他就负责那里的工作，直到2010年退役。鉴于社会科学曾经是军事分支的一部分，所以经济和人力资源分析办公室跟社会科学系、英语系及反恐中心共处一栋大楼也不太奇怪（见图2）。我早到了20分钟，边走过这栋建筑物的走廊边想我的提纲，然后在外头的一张长椅上坐下来。"我到底是来这里干什么的？"我在笔记上写下。尽管我做好了准备，这仍然是我第一次接触军方。虽然在20世纪60年代我出生以前，我的父亲曾在海军服役并且从事过几年早期的电脑通信工作，这还是我成年之后第一次来到军营。如果我年轻10岁，在我17岁的时候，我可能会非常想进入这个经济和人力资源分析办公室。这也正是陆军游戏项目组希望向普通美国青少年传达的陆军的印象。

我很快发现沃丁斯基很健谈。我很高兴他能向我阐述陆军游戏项目组的工作范畴，那比我想象得要广得多。2002年《美国陆军》是陆军游戏项目组的唯一一个产品并且一直延续了多年，但是到了2006年该项目组急剧扩大。他告诉我，线上游戏取得成功几年后，其他的政府组织开始接触经济和人力资源分析办公室，提出了增加训练项目的要求。第一个提出这种要求的是美国特勤局，他们要求提供一个训练保护人员车队、战术反应小组和反监控小组的互动游戏特别版本。

随着来自政府和军方组织的要求越来越多，陆军游戏项目组决定成立一个独立的工作室来处理。2006年是转折的一年，这一年项目组很大一部分管理工作交到了位于亚拉巴马州亨兹维尔附近的红石兵工厂软件工程指挥部。大量的公共扩展项目，比如"美国陆军真实英雄""虚拟陆军体验"（见第四章及第五章）也正在进行。育碧公司的Xbox电子游戏《美国陆军：战士的崛起》投入了商业市场。沃丁斯基向我解释，大部分此类项目都是由其他团队开发的，这些团队与《美国陆军》的最初版本和电子游戏几乎没什么关系。

图2 "经济和人力资源分析办公室"的外部入口。作者拍摄，2006年9月

在沃丁斯基向我解释了跟陆军游戏项目组相关的组成部分之后，他问了我一些跟我的研究有关的问题，我的第一次西点之行出人意料地结束了——沃丁斯基向我开放了在项目组核心部门开展人类学实地工作的最高权限。那时我并不清楚他为什么同意我开展研究，通常我对网络制度权利的研究在别人看来，往好了说至少也是令人讨厌的，要是往坏了说更甚至是一种威胁。后来经过跟他更多地交

谈，以及开展实地调研期间我在圣弗朗西斯科、湾区、洛杉矶、亨兹维尔、费城、西雅图、印第安纳波利斯等地的访问时跟他的接触，才逐渐了解他接纳我的原因。

尽管那时沃丁斯基告诉我，他对我的实验已经开了绿灯，我仍然面临着挑战，我要获得进入这个网络组织的权限，并找出某一个机构作为我研究的第一个切入口。两年后我才能更有条理地开展此类工作，那时我得到了来自美国国家科学基金会的研究基金支持，这极大地提高了我对西点经济和人力资源分析办公室、红石兵工厂及其他政府及军方人士进行调研的合法性。我的研究不仅仅是"到"一个工作地点，而是不断到达新的地方，有的地方会在未来的岁月里变得越来越熟悉。我访问网站开发办公室、运营商、军事基地，参与《美国陆军》的预先发布会，查看邮件列表，参与招募及扩展会、新闻发布会、特色啤酒品赏会等，而且我还在这些地方碰到各种人，所有的这些都是一场持续不断的沟通过程，包括发邮件、留名片、获取同意及口令、打电话、听游戏研发人员和退伍老兵讲一些跟工作相关的事儿，等等。沃丁斯基确实从一开始就给了我接触《美国陆军》的权限，但这也不是一张直达车票，我仍然需要做出大量的努力。

二元世界

我出于个人原因投入这项研究，但是我有着更广阔的出发点——诸如电子游戏之类的媒体产品是阐明及塑造社会规范和社会习俗的文化表征。游戏能够依靠它们呈现的文本来预示并且塑造多重思想观念、世界观及意识形态。陆军游戏项目组寻求通过游戏灌输特殊的体制信息，然而这并不能改变媒体永远是由一系列个体来接收并且理解和诠释的事实。要将《美国陆军》当作一个文化产品和行动者来看待的话，必须对文化和社会确实有更广泛的了解，并且要考虑到游戏本身的质量。

过去20年中的一个主要文化趋势是电子游戏受到欢迎并被广泛使用，简单来说就是它们的使用跨越了不同的人种、不同的设备及地理区域。20世纪80年代我长大的时候，电子游戏仅仅是小孩子当中流行的玩意儿，这种媒介一般会被认为是青春期的玩具。游戏被大众媒体描述为是一系列社会问题——比如青少年侵害和批判精神倒退的危险根源。这种说法现在依然存在，并且在不幸的社会暴力事件发生后不断被新闻媒体提及。

美国暴力犯罪率在1994年至2014年不断下降，尽管电子游戏产业在不断发展。研究表明，虽然人们玩了竞技性电子游戏之后会增加轻微的进攻性（不管有没有引起实际的暴力行为），然而并没有确定的结果表明电子游戏和实际的暴力行为之间有确切的关联。自相矛盾的是，尽管媒体经常把电子游戏归咎为社会问题的根源，但媒体本身近年来也常常被美国主流文化诟病已经沦为玩具。

不管怎样，游戏与它们的玩家一起发展为信息、娱乐、交流及营销的媒介。2015年，电子游戏玩家的平均年龄是35岁，74%的玩家的年龄在18岁以上。尽管类似《美国陆军》这种军事类主题的第一人称射击类游戏和其他特定类型的游戏中女性玩家的比例显著低于男性玩家，仍有44%为女玩家。除了游戏文化本身对女性不友好之外，这些特定类型游戏中女性玩家的减少还可能是因为它是以牺牲女性性格发展为代价，并且不断重复强调超级男子气概和英雄叙事模式。这一点在《美国陆军》中同样存在，该游戏唯一一个女性角色是电视新闻主播，只在游戏开头一个非常简短的场景中出现了一下。2016 年，随着美军部队开放了包括作战岗位在内的更多女性岗位，军事类主题游戏中将会呈现除了传统医务兵之外的其他女性战士角色，这一改变必定十分有趣。

随着游戏越来越成为一种横跨美国及世界范围的主要娱乐形式，这些问题必须认真看待。就在 2008 年剧烈的经济危机刚刚开始之后，游戏需求量和销售量不断攀升。在经济的低迷及复苏时期，虽然电脑游戏及单机游戏销售量下降，但是新的手机游戏技术支持了不断增长的手机和平板销售量。一般的消费者非常欢迎这种手机游戏软件，他们能够用手机联网，不贵且能够见缝插针地随时玩，不占用大段的时间。归功于手机软件的发展，游戏产业在 2010 年达到了顶峰，171 亿的销售额中 70 亿来源于手机游戏。最近的年度产业销售额为 154 亿，90 亿来源于手机游戏。与 1996 年各平台 26 亿的总销售额相比，这些最近的产业数据表明了互动产业在这些年来发展有多么迅速。

电子游戏的种类也有很大增长，尽管很多游戏的情节空洞或者充斥着个人趣味，市场上仍然有越来越多的游戏产品的叙事和情节非常吸引人。跟电影一样，电子游戏也是一种通过创造新流派、吸引更广泛的用户来不断改造自己的媒介。网络及传统媒体的融合无处不在，游戏总是处于这种碰撞过程之中。游戏和游戏化的系统——

通过类似游戏的要素来促使人们做某事的系统——越来越影响人们的消费习惯、朋友和同事之间的交流方式、工作和娱乐的安排、从事困难任务和阻止不良行为的激励机制。通过这些途径，电子游戏正在挑战并改变人们认知世界和与世界互动的方式。游戏正在融合本不相同甚至完全相反的种类，不过，在很多方面我们仍然处于一个二元论的世界。

虚拟的和真实的

世界似乎经常被认为是二元对立的。善良的／邪恶的，男的／女的，富有的／贫穷的，白的／黑的，天选的／异教的：二元论将世界分了类，并且占据了西方思想。这种思维方式产生了种种暴力，尤其在涉及性别、种族、阶级和宗教的时候，因为二元思维总是趋于界定谁属于"他者"而谁属于"我"的范畴，这限制或模糊了更复杂的现象，从而无法提出解决问题的方法。对于世界来说，有比二元论更好的方法，但是受语言所限我们很难理解它。

在这个案例里，游戏也是如此。电子游戏引起了关于什么才是"现实""在游戏的语境里什么才是'现实生活'的对立面"的讨论。就算是硬核玩家每天也会不断把现实生活挂在嘴边，但是这样的说法是虚伪的。无论一个人多想躲进游戏里逃避现实，游戏带来的依然是非常真实的生理以及情绪反应。《美国陆军》的原始开发团队早就发现了这些因素，并发表了一份研究报告，研究如何在电子游戏中使用集成声音来触发此类反应。大量的多人在线游戏（MMOGS）及世界随着经济、文化、语言及身份形成了有血有肉的网上虚拟世界，更加深了这种将虚拟和真实世界一分为二的错误二分法。

这种虚拟语境和"meatspace"（该词起源于网络朋克小说，指肉体上的物质世界）是共同进化的。诸如移动装置和电视体育广播之类的增强现实技术，既包含了虚拟也包含了现实，而全世界的人都趋向于这种由两者共同调节的大势。在其他方面，在虚拟/现实之外，二元分配分崩了，并且通过军事化游戏和相应趋势变得没那么明显。本文着重关注的其他三个显著差异分别是战争与游戏、战士与平民、工作和玩乐之间的差别。每一对之间的差别都值得被思考。

战争与游戏

2009年，来自"老兵和平""和平与正义"及其他地方组织的人员好几次聚集在费城的富兰克林米尔斯购物中心前，高呼着"战争不是一场游戏"的口号。这个商场就在陆军体验中心的前面。他们的愤怒溢于言表，在他们看来，陆军居然使用了一个游戏来征兵，这对战争来说是非常儿戏的。然而不管是战争被娱乐化地消费，还是它的进行方式，战争其实真的越来越像是个游戏。

这种战争和游戏之间的联系其实已不是新鲜事了。阈值空间从世俗的常规存在中被剥离开之后，战争与游戏都对空间和时间有着各自传统的界定。对于旁观者来说，战争与游戏都有客观的规则，其实这些规则都遵循着一定内在的文化关联来运行。新兵训练营及出营后被部署到驻地的机制起到了让士兵们重新社会化的作用，战士们在心理上做好了进入一种全新的战斗空间的准备，在那个空间里，杀人是可以被接受并被认可的。游戏的"魔圈"同样也将游戏设置与社会良俗区分开来，在那里，游戏规则塑造并隔开一个阈值空间，将游戏体验与现实空间区分开来。尽管很难被界定，战争和游戏的时空都是非典型的。

战争和游戏之间除了人类学的关联之外，还有日益强劲的社会经济学联系。过去20年间，游戏不断增长的可变性、多样性及互操作性，与美国消费者每天越来越多地看到、接触甚至参与战争的互动是一致的。战争类游戏作为一种浮动指标，可以被开发者等任意解读。媒体学者亨利·詹金斯写道，"军方使用游戏来招募和训练士兵，反战运动用游戏来表达时下冲突的毫无意义，支持战争的运动使用游戏来表达对恐怖分子的愤怒，新闻媒体用游戏来阐述军事战略，商业游戏产业想试水看看我们会不会像其他年代看战争电影那样狂热地来打战争游戏"。当与冲突相结合的时候，这种模糊性再加上冲突的情境引力，给了战争游戏一个有力但又模糊的情感要旨。这就是为什么那么多的人会被战争类游戏吸引，以及为什么电子游戏成为当今人们理解战争的核心试金石。

战争一直是一种视觉功能的展示，反之亦然；可视技术跟战争技术长久以来都是息息相关的。电子游戏也同样如此。想象一下，战争就像一款电子游戏一样，第一次广泛受人关注是在1991年的第一次海湾战争中，因为新闻媒体大量依靠影像播报空袭情况及使用数字信号处理来传送这次冲突的情况，那次战争被称为"电子游戏战争"（以及"任天堂战争"）。这些新式的类似游戏画面般的新闻报道在真实的杀伤情况与其干净利落的传播途径之间造成了一种让人震惊的分离感。这种信息循环第一次出现在海湾战争期间，军方依靠向在伊拉克之外的新闻媒体提供伊拉克的实时消息，在远离真实战场的外面创造出了另一个没有硝烟的战场。近乎实时的24小时新闻报道几乎能早于真实事件的发生时间，因此塑造并影响了真实事件。

游戏确实带有军事战略目的，但是大部分战争类游戏的目的都是军事娱乐，学者罗杰·斯塔尔定义"军事娱乐游戏"不仅仅反映了战争的现实，更积极塑造了战争和我们对它的预期，即使对那些从来不玩战争类游戏的人来说也是如此。而对那些游戏玩家来说，战争类游戏使个人可以把自己想象成虚拟世界里的战士。这种发展对其他二元关系造成了直接影响，比如战士和平民。战争和游戏的融合混淆了军事和非军事的界限，也混淆了战士和平民之间的界限。

战士和平民

战争是一个有问题的概念，它的局限在于很难被描述。它什么时候发生？在哪里发生？谁是参战方？如果深入而全面思考这些问题的话，可能问题的答案会超出战场，延伸到我们平时生活的客厅和卧室。尽管90%战时伤亡人员是非交战平民，士兵仍然是战争最典型的形象化代表。战争与非战争之间模糊的界限并没有被考虑到，在战时其他形式的暴力增加了，尤其是那些家里有参战士兵的家庭，往往会有更高的家庭暴力概率。家里有家人被派驻在外对这些家庭的压力是显而易见的，但问题常常出现在派驻结束之后。对于很多老兵和他们的家庭来说，战争难以名状的创伤和回忆将是持续不断的。战争对于平民和战士造成的暴力和创伤的影响不容小觑，它模糊了战士和平民之间原本清晰的界限，也模糊了战场前线和家庭前沿的区别。

战争并不源于某些原始的、兽性的暴力爆发，它是一种最初由一些非军事性的认知和实践造成的现象。战争和政治暴力并不是社会的"分解"，而是社会现实的阐述和产生。通盘考虑军事暴力意味着检验赋予其含义并使其延续的系统。这个系统包括了政府机构、资助机制、政治经济、意识形态框架、阶级和劳动力、教育和招募计划、全球化网络、通信及娱乐媒体、结构性种族主义，以及其他结构性不平等、性别表现等系统。战争通过这些要素运行，战争过程塑造这些要素，也被这些要素塑造着。

结果是战争并不仅局限于战士的领域，从来不是。战争不局限于某个特定的时间或地点，而是在现代社会非常普遍，可以说现代国家无时无刻不在准备打仗。尽管平民和军人之间的区别是存在的，但总的来讲这仅是一种依靠机构和媒体通信来维持的表面上的区别而已。过去20年间，随着各种娱乐媒体对战争的不断描述，以及娱乐和国防产业的合作越来越多，这种平民和战士世界之间分离的错觉越来越模糊了。作为一款标榜其目的是"让年轻的思想能在电子娱乐空间里竞技和分享"从而使得更多年轻人能够更早考虑参军的游戏，比起其他类型的招募或媒体宣传来讲，《美国陆军》更积极有效地维持了这种军人和平民之间的模糊性。

战争就是军人和平民都同样干着打仗的活儿。军人其实也像平民的职业那样只是做着一份工作，是一个暂时被雇佣的状态，或者甚至可以说是业余工作。我做出这种对比的意思并不是说军人和平民是完全一样的。军人工作中所含的暴力元素使得其工作与其他绝大部分工作截然不同，警察和其他私人或政府安保工作除外。然而，萦绕着美国士兵的"无私奉献"及爱国主义光环粉饰了这种工作的主要方式，其实本质上来讲做"军人"只是个人一份养家活口的工作而已。

平民，而不是军人，是战争中伤亡最多的人，家庭前沿和战场前线之间的界限以多种方式表现得越来越模糊。战士带着看不见的创伤从海外战场回到家中。远程遥控无人飞机从内华达州和北达科他州的基地飞越阿富汗、也门、巴基斯坦上空，这已经成为一种新的空战形式。娱乐媒体质问或者说要求个人把自己想象成一名军人，而民间劳动力在不断支持战争产业。战争当然需要征召大量的平民和军人参与其中，但其中也包括了大量游戏。从这种意义上来说，在 21 世纪，打仗跟其他工作是一样的。

工作和游戏

我的一个朋友曾是大型多人在线游戏《魔兽世界》的公会领导者，她曾经告诉我说，她之所以不再玩这个游戏是因为她在这个游戏里管理超过 40 人的团队，实在"越来越像工作了"。这种非常典型的经验就是"在工作中游戏"咒语（以及更坏的"在游戏中工作"）的镜像体现，这在技术产业中很常见。得益于遍地开花的智能手机和平板，员工能够继续使用互联网技术来工作，并将工作时间延伸到下了班后碎片化的时间之中，这些不断进步的技术和手法本意是为了提高员工效率并通过模糊工作和游戏的界限来减缓员工的疲劳。诸如谷歌这类的高科技公司将员工的生活更好地融入工作环境中来，他们创立了"在家工作"的弹性工作时间，拥有传说中的咖啡厅，以及休闲又随意甚至是设计得异想天开的工作大楼。

通过新媒体技术，工作与非工作时间重叠了，媒体及包括游戏研发人员在内的软件产业工作者创造性的娱乐与他们的工作完全交错在一起。而在知识经济产业工作的个人对他们的工作的理解，也与前些年完全不同。这些高科技工作者将他们的工作理解成个人对于创造力、自我表达和成就感的追求，而不像传统每天在工厂工作8小时、不断重复劳动、制作制服的产业工人理解的那样，仅仅是为了拿一份薪水。

尽管在技术产业中最为明显，然而"像游戏一样工作"和"在工作中游戏"的精神并不仅限于高科技软件产业从业人士，还延伸到其他部门和娱乐产业及社会媒体技术产业的用户和工作者中。诸如点赞、上传及加好友这样的"脸书经济"就是媒体理论学家迪希亚那·特瓦诺瓦说的"免费劳动"，这种充满创造性的行为很受用户的欢迎，同时公司也在大量鼓励这种行为。在现在这个大数据时代，所谓免费下载的应用和技术几乎没有完全免费的，因为最终用户协议通常要涉及共享用户个人信息，用户的信息被收集并被出售给出价最高者，这样的目的是为了更加精准地定位网络产品投放的目标市场。游戏的升级道具使玩家和用户得以创造并分享他们的个性版本，增加游戏原始版本没有的内容。而游戏研发人员通过这种手段达到驾驭免费用户劳动力的目的。通过这种方式，游戏研发人员、发布者及经销商保持了产品对受众的吸引度，并以很小的代价甚至无须付出代价就能刺激具有创造性的用户群体创造更有价值的新软件。

那些自愿无报酬从事这种工作的人通常也从事着数字游戏开发工作，Beta 测试版就是一个例子。游戏研发人员有时在正式版本发布之前会将这些用以测试游戏有无漏洞或者故障的测试版先向志愿者发放，给他们一个得以"先玩为快"的机会。玩家能够在游戏正式发行之前有一个试玩的机会，从而为游戏的开发提出建设性的提议，这种众筹 Beta 测试工作正在成为游戏开发的一种新常态。对于那些正式受雇于公司的游戏质保测试者来说，由于工作时间太短、报酬太低而造成的不稳定是常态。特别是对于游戏测试来说，工作和游戏看起来其实是一样的。

以上的这些例子说明了关于"虚拟和真实""战争与游戏""战士和平民"和"工作与游戏"之间的二元对立存在着很多问题。过去这样的划分可能是行之有效的，并且能够解释很多社会现象，它们现在仍然试图描述社会方方面面的现象，然而这会误导而且无意间隐匿了二元论的真实过程。

非物质性劳动的军事化

以上错误的二分法的核心是要强化这些对立之间界限的制度力量。我所说的制度，是典型的纪律机构，例如学校、监狱、医院、以及心理机构、大学、政府、工厂及公司，还有军队。这些机构在法国理论家米歇尔·福柯的著作中被重点研究，他详细地论述了18世纪各种意图大规模控制人体行为的科学和伪科学技术的兴起。在该时期，制度及学术学科发展迅速，它们一度可以跟踪并监控人们，它们的分析引起了新的社会问题，例如出生率、公共健康、军事人力资源、无家可归和移民等。

制度的工作曾经只是在于强制遵守机构界定的规范和预期。制度的核心就是通过公开的胁迫或者微妙的暗示和鼓励来行使权力和纪律。这些在那种使用身体暴力作为强制遵守手段的制度里头尤为明显，比如监狱系统和军队。对于其他通过比较隐秘的方式来塑造行为举止的制度来说也同样如此。值得注意的是，制度通过构建行为（比如通过外在的物理基建和体系结构）和思维方式（通过传递信息及指导系统）来产生行为。制度定义角色（学生、心理病人、囚犯、战士、陪审员、教区居民、流浪汉、雇员、配偶、社工）并设置界限，划定并巩固事物之间的差异，以上这些都是二元对立的例子。

制度通过使用各种分析工具来对人们起规范作用，这些工具包括人口统计资料、政策、法律、社会体系，以及（现在的）大数据手段。与仅仅把个人当作法律及政治意义上的主体相比，制度方法将个人当作活生生的人，他们的身体健康、精神状态、性行为、遗传基因、生殖力、战斗力、工作能力，以及所有其他的生物功能（这个清单还能列很长很长）都对管理和监督至关重要。虽然制度是当今世界的决定性构成，权力通过它们来行使和体现，但是权力的形式随着时间的推移而变化，也根据社会经济及政治情况不断改变。值得注意的是，制度权力并不是停滞的，而是不断进化的，总是在通过将其植入社会生活、个人行为，以及主体之中来追求新的控制形式。[4]

在过去的40年间，一个很重要的变化是制度的崩溃和扩散，这种变化在美国尤为明显。在某些案例中，这种过程以永久危机为标志，然而，制度的控制并没有退散，而是超出了制度本身，由全球化的资本和技术体系代行，甚至更深入到人类的生物属性和主体性中去。政治理论家吉奥乔·阿甘本将这种危机定义为"例外状态"，一种不寻常的新治理规范，行为学家娜奥米·克莱恩的《休克主义》详细描述了这种在21世纪初反复出现的人为危机或人为加剧的危机加深了不平等现象，并被用来谋取政治和经济利益的方式。

阿甘本和克莱恩分别通过各自的方式描述了制度权力的进化，这种进化的社会被吉尔斯·德勒兹称为"控制的社会"，当一个包罗万象的制度再也不要求产生顺民的时候就达成了这种社会状态。德勒兹写道，在福柯初次提及的这个"规训社会"里，人们总是不断开始（从学校到营区，从营区到工厂），而在控制社会里，人总是无法结束任何事；公司、教育系统、武装部门都共存于一个亚稳定状态，就像一个变形系统一样。例如，美国的军事领域曾经只局限于战士、武器和军营的世界，但控制社会中的军事力量逐渐以各种形式扩散，延伸到学校和教育系统、娱乐、监管和移民政策，以及国际外交影响中去。例如全世界最大最贵的加州监狱系统正处于财政、社会和法律危机之中。公共空间通过城市规划和监管变得越来越军事化，以2014年8月的密苏里州弗格森黑人青年被白人警察射杀事件为开始的一系列监管军事化和体制性的种族歧视事件，使得这种变化越来越明显，为全美所关注。

当制度的权力越来越集中之后，之前作为制度权力中一部分的二元分类反而在控制社会中变得模糊不清了。这些曾经由制度树立的二元边界的模糊，是控制社会从基于制度的规训权力向扩散分布的规训权力进化的一个征兆（在这里指出这一点是非常重要的，因为在描述扩散的过程当中，当清楚知晓了工作与娱乐、女性与男性、军人与平民、同性恋与异性恋、正常的与不正常的、战争与游戏、黑与白等之间的区别之后，我并没有对"过去好时光"的逝去感到惋惜）。

考虑到《美国陆军》是由其中一个最典型的纪律制度——军方资助并制作的游戏，关于 21 世纪早期制度如何行使权力的讨论就显得高度相关了，但是这款游戏是由遍布美国的数字媒体网络进行分发配置的。就像其他的制度一样，美国军方仍然沿用普遍而更经典的极权式传播方式来行使纪律权力。陆军游戏项目组的产品有意地使用了诱导式要素作为战略；该项目负责人凯西·沃丁斯基最喜欢的一本书是《诱导技术：用电脑改变我们的想法及做法》。尽管我不愿把《美国陆军》称作一种"宣传"，因为它传递消息的方式比赫尔曼和乔姆斯基描述的 20 世纪早期和中期大众媒体的非间接式宣传模式要精妙得多，但是这个游戏本质仍然是传统地通过媒体传达诱导信息，由国家元素来指引公民。沃丁斯基自己认为这个游戏其实是延续了"一战"时山姆大叔"我需要你效力美军"（I Want You for the U.S. Army）的广告和"二战"时宣传电影的套路。然而，处于军事化文化产业和经济下的《美国陆军》说明了一种更为广泛、更无所不在的军事力量，在控制社会中分布更广。这就是文化军事化的过程，在一定程度上由高科技劳动力进行，交杂着娱乐和战争的技术与经济。

随着工作和玩乐之间的分界不再清晰，"玩乐劳动"（playbour）成了一个新名词，尤其是在高科技产业中更是如此。这种发展标志着与传统的福特主义和后福特主义劳动体系的巨大区别，而后两者得名于亨利·福特关于自动化生产的工业体系模型。在其最昌盛的20世纪四五十年代，福特主义的一般特质包括工厂集中生产线工作，保证基本生活工资的终身雇佣制，以及标准化生产的产品。尽管福特主义的样板依然存在，但从20世纪70年代开始渐渐转为"后福特主义"，或者人们理解的更广义的后工业主义。

如同其他案例中的体制一样，工作场所的制度在后福特主义模型中更具连续性。最突出的几个特点有：1.以前的国有产业和社会服务项目的经济私有化和放松管制；2.生产周期缩短；3.组织结构的平面化和网状化；4.随着长期雇佣制越来越不稳定与工会的力量减弱，工作的流动性增大；5.上述所有这些过程中新技术占据中心地位。后福特主义最突出的特点是前文所述的工作时间和业余时间之间越来越显著的模糊性。随着手机和互联网设备等新通信形式所带来的连通性增加，工作和非工作时间的区别越来越小了。

一旦工作和非工作时间变得模糊，雇主们就会将人类劳动的其他性质优先。虽然执行手工作业仍然必要，但同时其他技能也越来越重要。就像工业革命给整个社会带来了巨大的变革，生产不再是简单的工厂工作，后福特主义也引起了深远的影响，它要求社会和工作关系依赖于更有效更具沟通性的信息交流。尽管某些特定的工作总是迫使或者要求雇员们在工作中带有情绪化的直觉（比如空乘、服务行业工作），但后福特主义工作更多地强调雇员情感、认知、交际和社会素质。技术是后福特主义的支柱，尤其是指电脑技术和生产无形产品的技术。后福特主义雇佣关系中的这种工作被称为非物质劳动。

——拉扎拉托

自由马克思主义学者比佛·贝拉迪称这些个体工作者为"知产阶级分子"。这个术语建立在马克思主义关于无产阶级分子是潜在革命阶级的概念上，但也标志了自由马克思主义的思想，随着从20世纪70年代开始的工会和劳动力的瓦解，社会变革的最大可能性在于一个正在崛起的非物质劳动者阶级。作为正在新兴的当代全球化信息和娱乐文化产业的一部分，电子游戏是由"知产阶级"引导的后福特主义非物质劳动的典型产业。

非物质劳动强调电子游戏设计等领域的工作"软技能"，这也是为什么陆军使用《美国陆军》等软营销招募战术的合理解释。利用了非物质劳动，《美国陆军》对于陆军来说，既是使用和发展游戏技术的一种手段，也是陆军的一种目标，因为非物质工作者看重的特质正好也是军方想要通过诸如《美国陆军》这样的新手段招募的士兵身上应该具有的品质。历史上，后福特主义的配置并非巧合，作为控制社会主要特征的体制，它不仅密切关注制度的推行，同时也让制度权力更加平稳，它与军事化的进程也互相呼应。

军事化是通过与以军方为中心或与军方密切相关的工业实践、基建规划、政策规划、政治决策、消费市场和娱乐媒体等既得利益经济体来实现的。女权主义学家辛西娅·恩洛将军事化描述为一个持续的文化与经济过程，人、体系或者思想依赖军事的或者军国主义的思想以求得福利乃至生存。因为通常发展缓慢且难以察觉，军国主义的表述和设想通常隐藏在普通事物的外表之下。恩洛举例说明，一个卫星形状的罐装意大利面罐头是如何隐含了军事化思想的，而这都没有引起罐头的生产者和消费者的任何注意。这种微观层面的军事化进程和社会宏观层面的军事化进程一样重要，它们都折射了常常被忽略的普通民众的生活。

现在美国军事经济的起源可以追溯到"二战"时期及"二战"后的战争工业，那时新形式的军事对抗——与苏联的冷战刚刚拉开序幕。1961年，德怀特·艾森豪威尔刚刚卸任总统的时候，把这种威胁称为军事-工业复合体。艾森豪威尔在他标志性的卸任演讲里提道："在政府各部门里，我们必须警惕军事-工业复合体的影响，无论它是否追求这种影响。极不适当的权力恶性增长的可能性目前已经存在，并将继续存在……近几十年来，技术革命与我们的军事工业状况的巨大变化有着相似之处，而且对这种变化起了很大作用……以前的每一块旧黑板现在都换成了上百台新电脑。"

尽管艾森豪威尔不可能预见电子游戏为代表的娱乐媒体的出现，他对未来战争肯定与电脑密不可分关系的理解依然深刻。事实上，这种关系交缠如此之深，一名《美国陆军》的游戏研发人员直接把他的工作视为艾森豪威尔所说的军事-工业复合体，他告诉我"《美国陆军》非常接近艾森豪威尔所说的，军事变得更加商业化，时尚得让人匪夷所思"。[5]

现在与军方有着千丝万缕联系的组织与各种产业的紧密联系存在于各个层次，雇佣了大量的工人，也是美国经济导向的轴心。这种经济的延伸非常广泛，覆盖了大部分的经济成分，包括了娱乐、通信、食品和学术界，更不用说军工生产。现在作者群体沿用艾森豪威尔式的措辞来描述这种现象，称其为"军事-娱乐复合体""军事产业媒体娱乐网""帝国"，或者简单地称其为"复合体"。[6]其他的"复合体"用以形容跟军事化或其他类似组织的关系，比如"监狱产业复合体"。这些术语有的时候用于描述军事化经济中规划、实践、组织、政策、处理、设想和意识形态的简称，它们有的时候也可能表达不出原本试图描述的含义。我经常使用军事-娱乐复合体这个术语，但是这个术语也有问题。将某一事物形容为"复合体"，描述为单一体，掩盖了一系列的动态相互作用，包括长期的合同谈判、新技术的整合、新政策的引入、企业收购和合并，以及在一套军事化的关系范围内个人和组织的多方之间的其他动态互动。本书的一部分研究目的是要找出这些军事化关系中的复杂性和现实性，具有讽刺意义的是，这恰恰是军事"复合体"概念所回避的。

军事-娱乐复合体是军事进入日常生活中的一种方式，以致军事化娱乐、与军事行动有关的新闻，以及军事在典型的非军事领域（比如体育项目、国家事务及购物中心）的存在变得越来越无趣和让人厌烦。人类学家凯瑟琳·卢茨将这定义为"军事平常化",军事需求越优先,军事化的出现就越可见,日常生活用语中就出现更多的军事化比喻,新闻和娱乐媒体中军事题材的出现更频繁,这种现状的形成是毋庸置疑的。军事平常化在美国社会层面的逻辑是很自然的,即使对研究它的人类学家来说也是很难逃避的。

出于这个原因,我比恩洛在构建什么是军事化的概念及它将如何保持方面,要挖掘得更深入。我深入探讨了它从上到下及源自政府、公司和体制复合体的方方面面。军事化不仅仅是一个单向的现象,在现在这个后福特主义的世界里,军事化以更具表现力、更自下而上、以用户为中心的方式运行。例如,老山姆大叔"我需要你效力美军"的广告可能自下而上地抓住了21世纪早期征兵技巧的精髓,展示的是体制向个人传递的单向式信息;而现在的征兵更具行为性和网络化,寻求在过程中与其受众一起互动。电子游戏就是一个范本,它给玩家带来一种自己能够决定行动代理人的感觉。跟互联网一样,电子游戏和互动媒体向用户蓄意传达了一种自由的承诺,而这种承诺其实从未充分实现。在这个承诺和实际实现的过程之中,军事化悄然潜入。

我必须补充,围绕电子游戏与暴力和侵略问题的辩论幽灵困扰着军事化和电子游戏之间的联系。尽管游戏和暴力的问题跟军事化游戏有某种意义上的联系,然而我必须清楚地声明,通过电子游戏进行军事化与电子游戏的暴力并不是一码事。除去我个人在游戏中的暴力体验之外,我从未、哪怕是一次,因为我的游戏体验或俗称的媒体效应而变成一个有暴力倾向的人。这种真实的或者假想的游戏效应值得深思，因为军队在谈论电子游戏中的暴力问题的时候，通过微妙的修辞手法，小心翼翼地避开了将游戏与人身攻击和暴力之间联系起来的说法。我们应该时刻注意，重要的是要记住，暴力、枪支、男子气概，甚至像和平、妇女权利或环境主义等看似不同的概念，都是可以根据文本（而且已经）军事化或非军事化的。

战争、媒体和非物质劳动之间是一个动态的、相互关联的、不断变化的过程。这些交织的过程的最终产物是军事化，但是军事化社会的文化表现形式是不断变化的。类似《美国陆军》这种军事主题和军方赞助的媒体使用表现并维系了美国流行文化中的军事化。任何认为军事文化仅仅存在于武装部队的想法都是错误的。

本书的首要论点在于数字游戏和模拟是一种招募和军事化非物质劳动的渠道。它发生在所有层面，是将个人定位为虚拟战士的军事化想象的结果，这些人的劳动正在或者可能以某种形式军事化。虚拟战士不是个人有意的选择，而是制度力量的结果，这种力量作为一种普遍的因素在控制社会中传播。从这种意义来说，每个人都是一个虚拟战士。本书中，我引用了描述性的人种学细节，以阐明虚拟士兵是如何运作的，从而将《美国陆军》中个人和制度行为者之间的力量与军事化、互动娱乐和非物质劳动等更大的文化趋势联系起来。

注 释

1. 所有只有名没有姓的名字都是化名。附有姓氏的姓名是真实姓名。关于命名的更多细节和约定，请参见注释 5。
2. 见斯塔尔 2007 年撰写的一篇极具洞察力的、关于伊拉克被占领前几年和被占领期间新闻媒体对伊拉克和萨达姆·侯赛因描述的调查报告。
3. 参见 http://pc.gamespy.com/pc/americas-army/951010p1.html，访问于 2014 年 5 月 3 日。
4. 当我说"制度权力"的时候，在我的理解里它指的是在福柯主义惯例中所表述的生物权力和纪律权力。
5. 关于采访的注释：所有带有姓氏的受访者的名字都是真实姓名。在大多数情况下，这些人由于处于比较公开的地位，可以被辨认出来。然而，更多的时候，我用化名来保护他们作为雇员的身份，有时我会创建组合，将两个或更多个人组合在一起。匿名接受采访者如果有名字的话就只有名没有姓。所有引述的采访材料要么是录音然后转录的，要么直接记录在我的现场笔记里。引号内的一切都是逐字的对话，我已经冒昧地编辑了冗余、小的语法问题和语言的累赘，因为这将增加阅读的难度。
6. 德·德里安、哈尔特和内格里、雷诺阿、卢茨、特斯等人的作品是使用这些不同短语的一些突出例子，所有这些词语都试图描述同样的现象。

第二章

劝说的艺术及人力科学

> 经济和人力资源分析办公室的纲领是为了建立未来军队。它包括（涉及）招募人才、评估人才、部署人才和留住人才。
>
> ——麦克·马蒂少校，《美国陆军》首席运营官，个人访问

从人员管理到人才管理

在前一章里我说过，在我与沃丁斯基第一次见面时，我发现陆军游戏项目组根植于市场分析和新自由主义商业原则的逻辑之中。在后续的会议中我才明白陆军游戏项目组对传统、体制化地理解美军如何招募及概念化战士的推动有多么深远。这些努力的核心机构是沃丁斯基的经济和人力资源分析办公室，该办公室是一个以经济和政策为重点的军队跨学科研究机构，位于西点军校社会科学

系内。经济和人力资源分析办公室在以市场为基础的合理化过程中，挑战了美国陆军根深蒂固的招募和技术采购方式，在这过程中树立了"大美国军事情结"的一系列敌人或者说对手。其他资金和合同投标实力更强大的组织在与《美国陆军》的竞争中胜出了。比如在 2009 年，陆军 PEO-STRI（模拟、训练及仪器项目执行办公室）[1] 招标了一个项目，由捷克软件开发商波西米亚交互模拟公司负责，他们的产品《虚拟战场空间 2》成为士兵训练的官方模拟器。该合同于 2013 年再度签订，依然是波西米亚交互模拟公司投标成功，获得了开发下一代官方训练模拟器《虚拟战场空间 3》的资格。

沃丁斯基的热诚既为他引来了敌人，也为他带来了仰慕者——这两种感情可能同时集中在与我交谈的那个人身上。沃丁斯基的观点非常清晰：像模拟、训练及仪器项目执行办公室这样的机构不仅是陆军游戏项目组的竞争者，也是一个特有的军事问题。（他有一次说过："这些傻瓜恨我。"）在沃丁斯基看来，《美国陆军》的最终目标一直是提高作战效力和招募士兵的质量，减少不必要的开支和程序。据他说，更大的机构组织以膨胀的预算、低品质的产品、无用的浪费及自满的态度为标志。这种效率目标常常被媒体报道和文章忽略，这些报道和文章耸人听闻地说，美国陆军的游戏是由"纳税人资助的"。

经济和人力资源分析办公室的传统工作是通过建立创新项目，研究和解决部队在其组织结构中面临的系统性经济问题，并就一系列问题向部队提供分析和建议。比如，沃丁斯基说他的政策分析博士论文是关于"更好地理解陆军驻兵问题是如何损害家庭收入并增加驻军的直接成本的"。[2]在他的监督下,经济和人力资源分析办公室提出了军官职业激励计划,该计划致力于确保军官能够掌握自己的军队职业规划,并能够攻读研究生以取得更多的服务年数。经济和人力资源分析办公室提出的其他方案包括制订一个跟踪冷战后核武器库存的有效计划,以及关于西点军校学员各种人口结构和兴趣的研究,比如跟其他大学生比,他们中有多少人玩《美国陆军》。

经济和人力资源分析办公室的其中一项研究《面向美国陆军军官队伍的成功战略:以人才为重点的人力资源模型》中声称,"以人才为重心战略"的征兵势在必行,因为中层军官供不应求,"有越来越多的迹象表明,除非对军官团的管理做出实质性的改变,否则将无法满足未来需求,而且这种迹象呈现出越来越快的趋势"。这种对"人才"的强调突出了一种军事上的需要和愿望,即雇用一支"具有智慧和快速学习及适应能力的劳动力。才华横溢的军官……能够快速识别新情况下的行动模式,以及……利用这些与生俱来的才能成为他们所从事工作方面的专家。这些技能包括从深层次的战术技巧到广义的概念或直觉能力等,都是陆军需要的"。与这一公布的评估相结合,沃丁斯基监督了"人才管理系统"的建立,该系统是为了将军官配置于"正确的时间、正确的位置、正确的领导位置"。[3]

然而,一个根本性的问题是如何"获取、发展和雇用才思敏捷、能够掌握现在和将来所需各项技能的人才。这样的战略,将使陆军从人员管理转向人才管理"。这项研究的发表是独立于陆军游戏项目组的,但它起源于同一个机构和主管,这一事实凸显出如何通过诸如《美国陆军》此类的新式招募方法来解决陆军对于人才的需求。《美国陆军》的核心是推动对有才华的潜在士兵的管理,他积极招募了一批具备计算机技能和基本素质的年轻人,这些能力是从事该工作的知产阶级所看重的。

这些对"人才"劳动力构成的描述与后福特主义知识经济中非物质劳动的一般特征十分吻合。如同对军官人才的需求一样,非物质劳动是趋向于强调灵活性和适应性,以及情感、认知和交流形式的劳动,而不是福特主义特色化的生产线式结构化时间和人力劳动,或者说"车轮上的齿轮"式的士兵。计算机和新技术是配置非物质劳动的核心,沃丁斯基本人至少从20世纪90年代中期开始就一直在研究军队需要走向信息化的劳动经济模式。他认为,"军队对信息技术的依赖日益增大","将导致对高学历人才的需求也在不断增加",这些人将被引至不断变庞大的非军事高科技部门。《美国陆军》积极致力于招募一批年轻人,他们会使用计算机,并且具备基本的信息能力,这些能力是高科技非物质劳动者最为宝贵的,这也是招募虚拟士兵/非物质劳动者的初衷,如果不被招募的话,这些人有可能就被吸引到非军事的高科技工作岗位上去了。对《美国陆军》的批评之一是,它没有为贫困和少数族裔的年轻人提供平等的接触游戏的机会,在他们的家庭生活中可能无法使用电脑玩个人电脑端游戏。如果《美国陆军》是经济和人力资源分析办公室解决招募军队人才需求问题的其中一种途径,那么这种评估就是没有看到《美国陆军》本来的目标人群就是能够经常接触电脑的人群。

在格里格·德普特和尼克·戴尔-威瑟福特对电子游戏历史的分析里，展示了他们是如何开展游戏开发工作的，这曾经被看作20世纪70年代和80年代早期从福特主义体制化和非人性化结构中的案例，最终被资本经济重新利用和吸收，成为最经典的产业，体现了后福特主义的非物质劳动。这种重新分配在军事和非军事领域都在继续。电子游戏主要来自军方资助的计划，但很快就与反文化反独裁主义黑客联系在一起。可以这么说，资本在很大程度上已经驯服了叛逆，重新夺回了知识经济和知产阶级的劳动。然而，军事仍然处于重新军事化非物质劳动形式的过程中。经济和人力资源分析办公室、陆军游戏项目组和沃丁斯基自己的逻辑都说明了想要促成这一目标的军事愿望。《美国陆军》是军事化、招募、管理和最终重新夺回后福特主义知产阶级劳动力的一个工具。

为此，《美国陆军》与经济和人力资源分析办公室实施了各种极具说服力和吸引眼球的战略，关注诸如征兵和电子游戏暴力等潜在的政治热点问题，从而证明该游戏及其经营授权是对政府资金的合法使用。沃丁斯基知道通过《美国陆军》特许经营权传递可靠、一致的信息是有必要的，这样方能谨慎地引导绕开围绕着军队征兵资金、对军事宣传和电子游戏暴力指控的黑暗政治水域。沃丁斯基的解释不仅充分展示了陆军游戏计划项目组的说服战术，而且还是他个人说服力的展示。他的个性是如此强有力，以至于在我与他的谈话中我往往被迫相信他的解释是无可争辩的，这也是陆军游戏项目组其他工作人员的共同感觉。因为沃丁斯基的话很好地抓住了部分他所指挥并试图带入游戏中的说服力，因此我将在下文中详细叙述他对陆军游戏项目组的解释。

在沃丁斯基办公室

在西点军校的中心，沃丁斯基和我坐在他面朝哈得孙河的不起眼的办公室里。[4] 他的市场策略直接解决了技术高明的"孩子"（他的术语）对参军需求增加的问题。用沃丁斯基的话来说："我们（经济和人力资源分析办公室）推测市场是非常有效的，但是我们推测政府就没那么有效了。所以如果你能让政府行为更像市场，可能就会更好。"经济和人力资源分析办公室策略的核心是对陆军预备役军官训练团（ROTC）计划的一项调整。全美大学里陆军预备役军官训练团课程和计划是成为美国陆军军官的4条途径之一。除了常规课程、阶段性的周末训练活动及早上的体能训练之外，还包括毕业之后在陆军服役8年（4年现役和4年非现役／预备役义务）以换取在大学就读时的学费补助和薪俸。"如果我们想要看看在哪里实行陆军预备役军官训练团计划，"沃丁斯基问道，"招到陆军预备役军官训练团学员的难点在于什么呢？是在于训练，还是让他们对这个计划感兴趣？我认为最难的部分是让有才能的人感兴趣——也就是建立需求。如果建立需求是最难的部分，那么这个问题其实就关乎两样东西：他们想去什么样的学校，以及在那样的学校里，我们怎样能让他们对陆军预备役军官训练团计划感兴趣。"

罗伯森·艾伦:"最关键的地方在于具体的学校和地点。"

凯西·沃丁斯基:"是的,如果我们想要吸引人才,那么他们到底想要什么呢?如果我们找错了学校,那不管我们做什么都没用。所以陆军问的问题完全不一样。现在,陆军问的是,我们在大学里招了几个陆军预备役军官训练团学员了?嗯,如果你在错误的学校,你[这么问]根本没办法解决[你提出来的问题]。你应该问另一个问题:对于那些想要参军的人,他们想要去什么样的学校?……所以经济和人力资源分析办公室为陆军建立了一个全球范围内解决这些问题的框架。我们问,那些有大学学历的参军对象是从哪里来的?全美各地向西点提出入学申请的人,他们还申请了别的什么学校?这样你就发现出现了一系列不同的学校名单。"

罗伯森·艾伦:"是哪些地方?"

凯西·沃丁斯基:"宾夕法尼亚的学校是最多的。有很多有陆军预备役军官训练团的学校甚至都不在名单之上。这就是市场的问题了——市场说我们应该在那儿,但是我们不在。所以虽然有游戏技术,问题在于我们其实并不明白游戏的所有属性是什么。我们知道有好的地方,但是我们不知道好在哪儿,也不知道比例是多少。但是我们知道的是他们在市场当中是快速变化的。我们知道他们吸引的是部队里的同一类人——年轻的男性。比如,两三天前,我们在 Facebook 上创立了《美国陆军 3》的发行主页。我们 Facebook 上 94% 的粉丝都是男性。这对我们来说是个好消息——我们找准了市场。"

罗伯森·艾伦："两天你就已经知道了。"

凯西·沃丁斯基："是的，我想我们现在大概有2600个粉丝，94%是男性，30%年龄在13岁至17岁，21%年龄在18岁至24岁，23%年龄在25岁至34岁。绝大部分年龄都在34岁以下。行了，这很好了。这里就有原始的兴趣点，我们游戏技术的点是对的。我们在做的这种游戏，不是滑道梯子棋游戏，它是一款第一人称［射击类］游戏。你把受众收窄了。下一个你要问的是你能从游戏中获得什么。他们进展得很快，一直都处于前沿。产业就在那儿快速前进——变得更好、更快、有更多玩家、更投入、更直观。所有这些都是好游戏的特质，当你再看陆军的时候，我们到底要去往什么地方？我们的游戏引擎别人闻所未闻，这以前的游戏引擎在经济上都是失败的。"

沃丁斯基在这里提到的《美国陆军》使用的是后来商业上大获成功的"虚幻引擎"，对于产业游戏研发人员来说，这是一个他们非常熟悉的游戏开发工具。其他外包的军事游戏和模拟器，比如陆军官方模拟训练器VBS2（现在的VBS3），是基于商业游戏研发人员没有那么熟悉的游戏引擎运行的。游戏引擎选择的策略是《美国陆军》如何在其竞争者及受众中定位的重要方面。通过借鉴商业市场上已有的第一人称视角射击类游戏设计惯例和技术，经济和人力资源分析办公室试图在商业市场上开发出一系列其他非常成功的军事主题战斗游戏。比如与《美国陆军3》同年发行的《使命召唤：现代战争2》（2009）在美国和英国的商业销售额第一周就超过了3.1亿美元，使它成为当时最成功的娱乐媒体。2010 年 1 月中，这款游戏已经获得了超过 10 亿美元的收入。虽然商业-军事游戏试图在目标人群——十几岁到 30 岁的男性——中获得市场份额，但《美国陆军》的目的在于在一个独立的市场中取得进展，即"有才华"的未来新兵市场。

因为这两个市场的目标受众基本上是相同的，即通过挑选已经在电子娱乐产业中的涉军信息，创造一个由美国陆军开发及生产的电子游戏是平衡市场对军事类游戏已存在需求的合理时机。说比做要容易，《美国陆军》利用"本土需求"的能力是将它跟其他征兵类军事游戏区分开来的主要方面。

凯西·沃丁斯基："很多想促使[《美国陆军》]成功的努力都白费了，这也说明了真的不容易。现在这些失败的努力很多都源于设计；他们没有想明白关键要素——有没有本土需求？[5]我们没有创造需求，需求本来就在那里。所以海军想到了要有个游戏，然后他们搞了《打击和夺回》（美国海军，2005），但是游戏里的本土需求哪一点像海军要的了？对于潜艇游戏或者飞机游戏的需求很少，因为这需要成为一个飞行员或者指挥官。那这些岗位是可以用于招聘的吗？也不是。所以你怎么才能让海军聘用的工作岗位变得有趣呢？嗯，好像谁也没想明白这件事儿。有没有可能军方能够想明白游戏产业都没想明白的事呢？不可能。所以他们（美国海军）想出来了个什么呢？一款钓鱼游戏。10 个玩过的人都发现了[这只是个钓鱼游戏]，但海军可以说自己有个游戏了。有没有空军游戏呢？也没有。他们需不需要有一个呢？很可能也不需要。有没有已有需求？很少。微软飞行模拟器……"

罗伯森·艾伦："玩飞行模拟器的是一些年纪更大的人。"

凯西·沃丁斯基："没错，所以就算有需求，是不是[他们想要的]那种需求呢？不是。下一个问题就是如果你要做，你有没有做对的本事呢？因为如果你做错了，就没有意义了。孩子们有太多其他的游戏选择，就算你的游戏是免费的也不意味着孩子们就会玩它。所以如果你不做一款高品质游戏，我认为那你最好还是别做了，不然就不是帮你自己而是害了你自己。事实上对我来说，作为政府部门，最让我意外的是我们能做最棒的产品。但不幸的是，我们的采购系统以极其缓慢的速度运行，这还是为与非常大的公司开展业务提供了优化，大公司对于延迟付款有着极高的门槛，还有各种规章制度。"

罗伯森·艾伦："组织内对市场有不同意见的话运行起来有多难？"

凯西·沃丁斯基："很困难，因为我们被政府的采购及合约规则约束着。我们受政府思维限制，觉得一年或者两年都算很快，而在游戏行业，一年或两年的时间算很慢的。所以参照体系是完全不同的。文化变化是很难的，包括'游戏'这个词本身。在[我做《美国陆军》的]头7年，'游戏'这个词是'玩具'的意思，陆军在做战争游戏这听起来就很疯狂。"

沃丁斯基将美国军事/政府采购与游戏开发产业实践之间的差异概括为文化差异。不过有一点可以说明的是，虽然位于加州的《美国陆军》研发人员们将经济和人力资源分析办公室视作政府官僚机构的分支——作为游戏开发人员的对立面，是他们的最高统治者——沃丁斯基则一直致力于让经济和人力资源分析办公室作为挑战体制化政府流程（比如既定的招募惯例）的发声渠道。他希望利用游戏的说服力，让"孩子们"开始考虑将军队作为未来职业的首选而不是作为一种后备选择。要做到这一点，就要从典型的军队方式中采取完全不同的招募方法。

  凯西·沃丁斯基："《美国陆军》的主要想法在于陆军招募孩子们的市场理念是失败的。这个失败部分是招募人员的原因，部分在于陆军，还有一部分在于孩子们接受和处理涉军信息的方式。陆军一直在做的事情毫无疑问应该继续下去。例如，毫无疑问我们需要招募人员。从来没人质疑过这一点。嗯，我质疑了，我不确定我们需要招募人员；我不明白为什么我们需要一个军人来招募孩子入伍。你不需要IBM的人来招个孩子进IBM打工；你有熟悉和了解IBM的猎头去学校的人才市场来招人。可能你需要一些招募人员，但是其实他们是人力资源师，与其说他们负责招募，不如说他们负责的是筛查。我可以看到现在陆军有这类筛查人员来检验这些孩子能不能很好地匹配陆军，就像IBM做的那样，但是我们的筛选器是反的：不是将不合适的筛出去，而是试图强迫所有人都先进来，然后看看能不能让他们都适应。嗯，在"二战"时期可能这样是对的，但在信息时代就不对。我们真的不需要那么多孩子，我们需要的是真的能自愿进来并且能适应的孩子。如果不适应，那他们要花一大笔钱，而且也不开心，也不符合市场模型。所以我质疑我们是否需要招募人员。我们能不能通过让孩子对部队产生兴趣、通过测试，让孩子真心想要入伍？能不能通过带他们参观基地，让他们参加少年陆军预备役军官训练团？我想我们能做得更多，但事实就是我们没有质疑招募人员这一点。"

罗伯森·艾伦："陆军招募做得怎么样呢？"

凯西·沃丁斯基："不太好。改变非常缓慢，因为这是个冒险的事情。我明白如果错失了对象，他们会很麻烦。这事儿真的很难。陆军有着自己的发展过程，所以喜欢陆军的招募人员会留下来，成为招募者的招募者。这个成长的过程是他们逐渐相信然后持续的过程。"

罗伯森·艾伦："这个完全制度化了。"

凯西·沃丁斯基："是的，不管适不适应环境，都完全制度化了。所以陆军确实有招募活动……陆军会有一份关于他们本周末进行了多少活动的报告，以及他们从中得到了什么。那我可能本周末计划了成百上千个活动，因为《美国陆军》的每个游戏任务都是一次'活动事件'。只是它们是虚拟的，也花不了我们几个钱。人们忘记了'投资回报'有分子和分母。他们总是认为分子是固定的，分母也是固定的，但是如果你把成本从算式中除去，那么你就处在一个颠覆性技术的世界里，它会让其他人失业,因为它不需要给你带来太多东西。[我们]对军队中的许多经验规则提出了质疑,为什么我们要这样做事情?有没有其他效果一样但是更便宜的方法呢?或者其他更便宜、效率没那么高,但是你一算,发现自己还是远远走在前头的方法呢?或者更便宜、更高效的方法?"

罗伯森·艾伦:"这是否是自项目开始以来围绕它的基本原理?"

凯西·沃丁斯基:"是的,开销完全不同。《美国陆军》一年花了400万美元来开发,运营网上项目大概还用了250万美元,其他是市场推广和做活动的开销。[6]一般游戏会花1000万到4000万美元用于市场营销,这取决于它是个什么游戏,反正是一大笔钱。我们没有那么多钱。我们是虚拟的,所以我们不需要货架占空间,但如果有一点钱就更好了,我们就可以在像 Steam 或者 Fileplanet 这样的平台网站首页置顶或者被放在中心位置,这样对产品不熟悉的孩子们最少也能看到这个产品并且能免费试用。[7]

"但我们面临很多问题,比如《美国陆军》的投资回报率是什么?行,我们有数亿小时的在线游戏时长,那么这跟军队考虑的事情有什么直接关系?通常的营销模式是,首先你想让人们知道你有一款产品。感知是根据印象来衡量的,有多少人看到了它。比如说100万人在电视上看到了这个广告,那么就有100万种印象。他们看了多久呢?100万人看了30秒——这意味着什么?意味着8000万小时的收看时长。他们有没有注意到［广告］呢？有可能。［也有可能］他们去倒腾特维，或者去喝咖啡或可乐了。［吸引的是］谁的注意力呢？祖母的，还是19岁的比利的？我们不知道。你投放的广告吸引的受众是谁？大体上来说是这些人，但是谁知道呢。那么你尝试跟一个百万时长的游戏相比，比如《美国陆军》。《美国陆军》的百万时长有价值多了：一是这个时候他们不会分心去用特维；二是注意力是集中的；三是我们的方式比'你知道有个陆军吗'要高明多了。在《美国陆军》里，你就是陆军的一份子。所以我们甚至无法对《美国陆军》与'印象'数量进行合理、理性的讨论，因为根本无法比较。"

"在《美国陆军》里，你就是陆军的一分子。"这种对玩家在《美国陆军》中地位的直接声明，毋庸置疑是军队通过游戏对虚拟战士概念化的例子。传统的单向大众媒体模型是建立在媒体从一个中心节点——电视、电影、广播——向许多观众传播的基础上，电子游戏则以一种截然不同的方式质询观众，后者的方式需要参与行为，并在不同程度上取决于所涉及的游戏，共同创造媒体体验。数字游戏中的"参与式共同创造"这一要素涉及用户在一个更具互动性和参与性的信息传递环境中，在这种环境中，体制权力能够更好地使个人沉浸在其逻辑和世界观中。像《美国陆军》这样的"严肃游戏"和"广告游戏"有着特定的目的和信息，它们寻求劝导用户，更像是一种宣传。然而，传统意义上典型的宣传指的是信息从媒体制作人到媒体消费者的单向配置，出于这个原因，我不愿意用这个词来形容《美国陆军》，尽管沃丁斯基自己认为这个游戏与前一个时代的政府招募宣传具有相同的传统。沃丁斯基推荐我读的希瑟·卓别林和亚伦·鲁比的著作《智慧炸弹》里说他将《美国陆军》形容为没那么特别。他说这只是一个连续过程的一部分，可以追溯到第一次世界大战的山姆大叔海报或第二次世界大战的宣传电影。而且他并不为此声明而道歉。

虽然《美国陆军》的招募目标与采用更多单向信息传递方法的"遗产"招募模式相同，但在体育赛事期间，对全国运动汽车竞赛协会（NASCAR）的军事赞助和昂贵的电视广告等招募项目长久以来的支持，一直是经济和人力资源分析办公室说服政府和军方高级官员相信《美国陆军》的有效性和合法性的一个障碍。沃丁斯基解释道：

> 与官僚主义和制度竞争的一部分问题是它很难制度化。而制度化的一部分风险在于你成为问题的一部分。所以对听我们报告的高级领导们来说，有个东西叫"记录项目"……记录项目里记录的有好的日子，也有不好的日子；还有预算。在商业经营者的想法中，他们变得不那么饥饿，也瘦了一点。要在黑板上画出来，创新就像算法一样——你越来越多地处于曲线的平坦部分。所以很多高级领导对记录项目都有执念。《美国陆军》不是一个记录项目。它的经费来自陆军部长的征兵计划。这是他的倡议之一，从第一天起就开始了。如果它没有执行，它可以在任何时候被归零，如果执行了的话，它可以增长。它的增长通常是因为在

军队的高层中一直有一位倡导这一观点的人。

所有关于说服技术和行为生态经济学的文献都支持我们的方法,[8]但传统的［招聘］系统很难被打败。有太多的工作和钱跟它捆绑在一起。我认为今年用于传统招兵的预算是1.67亿美元。我们的范围是400万。但是如果你看看公司把钱投进市场的什么地方,那肯定不是电视。电视在消亡,印刷媒体在消亡,无线电广播在消亡,而互联网在增长。为什么陆军把电视看得这么重?我也不知道。这种沟通方式是单向的而且本质上非常粗放。

在第一个原则层面上,我会质疑陆军做的是不是正确的。［陆军］跟我们做的事情没多大关系,因为我们的预算显然是无限的。或者,至少当我们陷入困境,而国家需要我们的时候,预算就会变得无限,对吗?我们能做不代表我们做得就对。现在,当陆军把这些资源投入其中时,它可能成功地完成了征兵任务,但可能并没有给自己带来任何长期的好处,因为被征召的人可能并不真正知道他们在做什么。

用一个"喷血点"缓解道德恐慌

在陆军看来,商业游戏研发人员在几个方面做得不对:例如,好莱坞式的爆炸音效在大多数其他游戏中都是以数字方式伪造的,而《美国陆军3》3/4的音频样本都是在靶场等地点现场录制的。同样的,在描述陆军的娱乐媒体中,服役人员的制服和装备的细节有时也不准确,而这些小细节对士兵和退伍军人来说仍然很重要。在游戏和电影当中，部队的交战规则和条令往往没有得到强调，娱乐媒体试图描绘战争的坚韧性、悲剧性或复杂性，可能会试图把士兵描绘成更复杂的人物而不是单一的"好人"（尽管也有很多商业电影和游戏没这么尝试）。根据沃丁斯基的看法，所有的这些都是娱乐工作室曲解陆军的方式。用他的话来说，这些媒体的描绘助长了人们对于参军的"决策性偏见"。经济和人力资源分析办公室试图改变这种在大众娱乐媒体上传递的信息，解释士兵必须遵守的规则，表现士兵们如何作为一个团队来运行，以及从理论上讲，暴力如何被军方用作达到目的的手段，而不是作为目的本身。

凯西·沃丁斯基："真正的困难是娱乐和游戏的目的之间总是有两分法。我们知道娱乐在这里扮演着重要的角色，它是将游戏引入流行文化的激励因素。如果游戏不好玩，没有娱乐性什么的，那么没有人会玩它。但是美国陆军不是娱乐产业。我们把娱乐当作一个教育的工具。嗯，如果没有教育，就没有意义。……因为我们使用娱乐手段的根本原因在于要打入流行文化，克服人类在决策中的偏见，以获得斯坦福大学的 B. J. 福格在他关于说服性技巧一书中谈到的一些美好之处。[9]

"游戏的简洁之处在于你不需要花上 5 年时间来教育。我们可以压缩时间，获取决策的输入和输出，并看到为什么陆军对诚信如此看重。不是因为妈妈说这样好，而是因为人的一生是否成功，确实取决于自己知道自己到底在干什么。更深层的东西是我们试图带入这样的理念：有很多跟枪有关的游戏，但是只有一个游戏不仅仅跟枪有关；这是一个行动受到约束的人，而这种约束是一系列的期望，这些期望就是价值观。这是陆军的价值观，不是我们编造出来的。我们知道美国对我们的期望是什么，那是一系列把行为限制在一个可接受领域的基本的东西（大多数美国人都会对此感到满意）。那是一支军队。这是我们想要传达的关键想法。"

罗伯森·艾伦："在其他比如《使命召唤》这样的游戏……"

凯西·沃丁斯基："是的，它没有这样的东西。那不是他们的目的，它就是个娱乐工具。"

罗伯森·艾伦："我在别的地方听说过，我一直很喜欢这个说法，就是《美国陆军》是美国陆军想要的自己的样子（劳尔森等，2007）。"

凯西·沃丁斯基："是的，我们也不是一支完美的军队，但这是我们想要成为的一个模式。这个模式也是我们希望我们的招募人员思考的问题，因为我们必须对军队非常坦率、开放和诚实。向孩子们隐藏战斗还有其他的缺点和困难并没有任何好处。"

沃丁斯基提到的招募方式是现实中军队的招募方式，在这种方法中，有前途的应征者通常会得到关于安置、工作和其他可能的福利的承诺，一旦他们在虚线上签字，这些承诺可能永远不会实现。虽然一些招募者采用这种策略来完成其招聘配额，但从长远来看，这些策略很少对陆军或新招募人员有利，而且不利于经济和人力资源分析办公室试图通过其举措解决各种系统性问题。我的感觉是，当《美国陆军》的公众评论家和政府机构的怀疑论者开始质疑游戏的目标和方法时，沃丁斯基感到被误解了。在他看来他们问错了问题，这些问题：一是对既定征兵做法的批评，对沃丁斯基自我表述的批评；二是将模拟游戏暴力中游戏性的表现与实际暴力犯罪混为一谈，制造一种"道德恐慌"文化。为了举例说明，沃丁斯基讲述了他在我采访前三周与一名国会工作人员进行的一次谈话，这次谈话是关于《美国陆军》中的暴力描述的。他一直对这次谈话记忆犹新：

> 这是一次特别尖锐的谈话。她说"没人在你的游戏里死了"。他们指责我们公开宣扬这件事，我告诉她："等一等，一方面你们说暴力很困扰你们，另一方面你们又说掩盖使用武力的后果和人们受到伤害的事实［很困扰你们］。我们又不是在一个真空状态中运作的。除了这个陆军游戏之外，孩子们能接触到各种各样的涉军信息。他们知道他们会被炸飞，他们知道他们会参与作战。他们不知道的是如何成为我们团队中的一员及我们是如何运作的。他们不知道陆军的价值观是什么及那意味着什么。他们不知道我们要如何让他们做好准备。不管怎样，你在游戏里会受伤。也会被杀死。""是的，但是没有那么多血浆爆裂。"她说。然后我就说："嗯，那多少才叫多呢？"孩子们能懂。他们明白的。他们知道他们在这儿是什么样的。我们从陆军过去的海报、电视和广告这种没人有枪的宣传到现在这个样子走了很长的一段路。

这是美国陆军在客观程度上和对电子游戏中暴力的主观解释方面所遵循的一条需要仔细拿捏的路线，而这往往是《美国陆军》及其他公开招募活动（如虚拟陆军体验）中最具争议的因素。为了缓解这些问题，陆军有意遵循独立娱乐软件评级委员会（ESRB）建立的游戏评级标准。独立娱乐软件评级委员会成立于1994年，当时美国国会威胁国内电子游戏行业，如果不对其产品建立一个与年龄相适应的评级分级制度，就会受到联邦监管的监督。为了获得"青少年"等级，像《美国陆军》这样的游戏不应该有对尸体进行死后处理的情景，也不应该有大量的血浆，不应该有肢解。《美国陆军》被有意设计成适合13岁及以上的受众，因为正是这个年龄段的个人逐渐明白并对自己的未来职业开始有想象及规划。

通过进一步执行部队交战规则（ROE），惩罚那些对丧失交战能力的战俘进行法外处决的人，游戏将其中的行为推向有陆军限制的暴力。然而，沃丁斯基坚持认为，只要玩家对其行为的后果负责，游戏中仍然存在滥用军事暴力的可能性。比如，玩家有可能在基础训练中打死讨厌的军士，但是在他看到这一行为的可怕结果之前，他们会立即被关在莱文沃斯堡的牢房里。被解除武装和确认安全的敌人可以在《美国陆军3》里被杀死——或者用游戏者的俚语叫"双击"——这是在一些游戏研发人员中很受欢迎的一种战术，但是如果这样的话，玩家会失去用于提升游戏中的级别和地位的"荣誉点"。数次战斗违规也会导致被关进军事监狱。

《美国陆军》和它的其他产品，如虚拟陆军体验，游戏设计里的这些和其他特定元素中，视觉表现水平的暴力明显低于其他军事主题的第一人称射击类游戏。一个喷血点[10]是该游戏中唯一象征军士受伤的征兆。围绕着电子游戏和暴力的道德恐慌，对反战示威者和国会议员接受《美国陆军》起了很大作用。尽管没有任何确凿的科学依据，但不断有媒体报道电子游戏和暴力犯罪之间的因果关系，并认为该媒介应对一系列社会弊病负责，包括成瘾、抑郁、反社会行为、暴力、种族主义、性别歧视和不当养育。

这篇新闻报道的政治意义对在加州发展工作室的我来说是显而易见的，在2009年圣弗朗西斯科游戏开发者大会之前，游戏开发者接受了关于如何向媒体提及游戏内暴力的公关培训。"如果有人问你军队训练孩子们战斗和杀人的事，"《美国陆军》公关经理指示，"要说'我们不是来讨论这个问题的'或者'这不是我的专业'。'无可奉告'不是一个好的回应。"同年早些时候，位于圣弗朗西斯科育碧软件总部的一项抗议活动中，育碧公司曾经发行过《美国陆军：士兵的崛起》（2005）和《美国陆军：真实的士兵》（2007），促使目前的《美国陆军》游戏开发商将办公大楼外的标志从《美国陆军》改为"数字咨询服务公司"，这是一个军事分包商和他们的母公司。

因为这段历史，沃丁斯基和陆军游戏项目组将《美国陆军》和虚拟陆军体验等相关项目与关注电子游戏暴力引起的道德恐慌的类似论述隔离开。特别是虚拟陆军体验，在州博览会的几个巡回地点、航空展和其他大规模的公共活动中，都是抗议的目标。在他们反对虚拟陆军体验的依据中，像"退伍军人争取和平组织"这样的抗议者经常使用道德恐慌话语，将游戏污蔑为与其他"社会弊病"联系在一起的一种媒介。比如在一次《美国陆军》的巡展/招募会中，一名"退伍军人争取和平组织"成员将《美国陆军》描述为"像军事恋童癖"一样"给孩子们发糖"（莫尼耶，2008）。

  罗伯森·艾伦："那么你会怎么跟那些认为虚拟陆军体验美化暴力的人说呢？"

  凯西·沃丁斯基："陆军不是一个游戏，它美化暴力。"

  罗伯森·艾伦："战争不是一个游戏。"

  凯西·沃丁斯基："我想我先着手的会是为什么是虚拟陆军体验？为什么不是其他的行动区力量、航空展，或者招募者们？我觉得我们谈论虚拟陆军体验的原因是因为它引起孩子们的兴趣，17岁到20岁的孩子们。他们觉得这个东西很有趣而其他东西都很无聊。所以如果其他东西是浪费钱，那么我们做的其实是有效的并且是省钱的招募。那么现在，我们是不是在美化战争呢？我不知道，我告诉你我们在干什么，然后你自己分析。虚拟陆军体验是一个半小时故事，谁会写一本没有高潮的书？故事的重点是什么？高潮通常是重点。你找到了，你得到了，然后你解释为什么它对这本书来说很重要。我们故事的高潮是作为一名士兵，我们一生中的大部分时间都在为我们大多数人希望永远不会发生的事情做准备，那就是所谓的战斗。但如果战争真的发生的话，那就是重点。如果没有战斗的可能，美国会有军队吗？不会。会有消防队或警察局，但不会有军队。我们做了一些不一样的事情。所以军队的重点是战斗——要么阻止敌人，要么威慑敌人，如果情况更糟糕，那么就迎击他。这就是战士的重点。我们所做的每一件事都为你做好了准备,这样我们就可以做这本书(指他书架上的《美国法典》)说的我们应该做的事情。《美国法典》第十章赋予了我们使命:'美国陆军是为了在陆地上作战和赢得国家战争而生的。'[11]根据那本书,那是我们唯一的功能。我们有其他的任务,但我们的功能就是那个。所以,你告诉我在法律上应该干什么,那就是我们自己要做的,但我们应该对孩子们保密吗?这就是无稽之谈了,对吧?

"我们将在陆地上战斗并赢得国家的战争:这是美国陆军故事的高潮,但我们不会提及它。这对我来说毫无意义。如果我们提到这件事,背景是什么?你所做的全部事情就是这样吗?你是如何做好准备的,等你回来后,你从中学到了什么?我们之所以有高潮,是因为它描绘了为什么我们要有基本的训练,为什么这很难,为什么妈妈和爸爸不能来,为什么我们有纪律、价值观、团队和所有的这些东西,因为当你在战斗的时候是没有时间去弄清楚的。每个人的性命都依靠你清楚你的职责并且足够负责使得他们能够把性命托付给你,只向坏人射击而不是看到什么都开枪,看好你自己管辖的区域并且相信你的同伴正在好好照看他负责的区域。所以如果你把高潮排除在虚拟陆军体验之外,这一切有什么意义?很难讲一个关于这些不同职业的故事——这是他们所做的,他们是如何一起工作的,我们是如何让他们做好准备的。这有一个真正参过战的人,为你刚才看到的补充了个人感想。这就是虚拟陆军体验。如果我忽略了这个故事的高潮部分,那么我是不诚实的。我们没有美化任何东西;我们把整本书都给你了。你自己看看是不是有美化什么。大部分人都认为没有。这值得去做,因为这个国家值得被守护,外头有坏人,很多坏人不喜欢我们的生活方式。我们没有选择参加任何战争,是你们派我们这么去做的。当你们派我们去的时候,我们希望是准备好的,并且希望能打赢,因为我们觉着你们派我们去就是让我们打赢的。"

讲到这的时候,沃丁斯基在他的讲话中变得如此活跃,以至于我不清楚他所说的"你"是谁。是我吗?美国人民?是美国国会吗?然而,在他的下一段评论中,当他回到早些时候提到的国会工作人员时,他的反感对象就很清晰了。

这个女人,这个该死的女人,当我向她解释这件事时,她说了一些关于我们一个真实英雄的话(见第三章),她说:"当你的真实英雄从他的行动中幸存下来时……"我〔阻止她〕说:"哇,他不是幸存下来了。我们派士兵去战场上不是为了让他们幸存下来。我们派他们是去赢的。我们派他们去赢得主动权。你不能把美国陆军派到危险的地方仅仅只是为了生存而已。如果你是为了那样而派我们去的话,你就派错人了。所以你又错过了重点。那本书说是你让我们赢的。我们不能把这部分排除在外。我们要组织起来争取胜利。"她是(美国)国会军事委员会的成员,但她显然一点儿都不明白为什么我们有一支军队。

沃丁斯基对这种不符合官方军队信息传递框架的解释的尖锐批评，让我进一步探究了他关于当时陆军游戏项目组的现状，特别是虚拟陆军体验的想法。2009 年，来自俄亥俄州的国会议员和两次总统候选人丹尼斯·库奇尼希提议取消国会对"虚拟陆军体验"的资助，理由是"虚拟陆军体验为参与者的杀戮行为提供了保护伞，同时美化杀害人类的行为，并试图招募新的士兵。更糟糕的是，如果一个孩子想要参加模拟，陆军会收集他或她的联系信息并对孩子在模拟器中的表现做出评估"。库奇尼希还认为，2007 年的模拟巡演花费了近 1000 万美元（远高于《美国陆军》），在经济低迷时期（2009），这笔资金可能会得到更好的使用。库奇尼希的提议引起了媒体的小轰动，沃丁斯基随后邀请他参观"虚拟陆军体验"。"他和我们一起大概参观了四五十分钟，看上去非常明白事理并一直保持着高度的关注度，他与我们所有的人交谈，并积极互动。坦率地说，我觉得这是一次很棒的经历。我在离开时感到惊喜，［并且］在离开的时候［……］他说，'我只想让你们更关注一点年龄的适宜性。'"

沃丁斯基在处理这些热点问题方面有着丰富的经验，他预见到了这种说法，并将对《美国陆军》和"虚拟陆军体验"中军事化暴力的年龄适宜性的注意力和责任转移回了库奇尼希和美国国会。他为库奇尼希回顾了 1994 年国会与电子游戏行业达成的建立独立运营的娱乐软件分级委员会的协议，并指出《美国陆军》的评级为

"[适合]青少年级别"。沃丁斯基说：

"好的，我们确实审视过'虚拟陆军体验'的年龄适宜性问题。事实上，我们向国会咨询过指导意见，并且在国会关于游戏评级的协议里找到了标准。我们对虚拟陆军体验的评级是根据独立娱乐软件分级委员会建立的游戏评级准则来的。而《美国陆军》是底层技术，这就是我们如何得出结论的。因此，如果国会想给我们提供不同的指导，我们也接受，但我们确实看过了，也在继续研究中，我们对于怎么处理是非常谨慎的。

"我们并不是[纯粹]为了娱乐而使用这个，但我们确实将娱乐作为一种手段来引起人们的兴趣。目的是教育。这不是美化或其他什么，而是教育。当你走出虚拟陆军体验之后，你就会知道，这是不是我想要做的事情，或者这个离我想要做的事情还有多远。如果这就是你想要做的事，那么我们的目的就达到了，因为你知道你要再做些什么了。这就是志愿者部队。我们认为这个系统很好。……我们现在想要通过一种年轻人觉得相关并且舒服的方式来跟他们对话，这种方式之前陆军还没有过，它能使年轻人更全面了解陆军，比单单用广告和海报要好得多。……我们已经仔细考虑过了——这并不意味着我们不能改进它，但是我们已经做了很多年了，并试图确保我们所做的事情对于军队的使命和我们的国家来说是有意义的。"

如沃丁斯基的点评和故事所示，陆军游戏项目组做了大量各个层次的劝导性工作，而专营权的未来取决于这样的工作（在采访的时候，连我都感受到并被沃丁斯基的雄辩和推销员般的口才影响了）。游戏和特许经营的首要目标是说服玩家和使用者参军，如果做不到这一点，愿意接受它作为一个合法的、普通的机构也行——作为虚拟士兵的"军事正常"的一部分。

然而，沃丁斯基与经济和人力资源分析办公室致力于其他方面的说服工作，以支持《美国陆军》。通过他自己的说服才能和他自称为"教父"的可怕性格在适当的时候建立同盟，并展示出解雇雇员和承包商的嗜好。说服美国政府相信游戏及其组成产品是有效的、经济的和合乎道德的，这是一项重要的任务。由于不是记录项目而是仅能获得国防部有限资金的项目，陆军游戏项目组没有向更为传统的征兵项目提供体制性的保障。由于它直接挑战了根深蒂固的征兵技巧——电视广告、体育赞助、诸如行动区力量那样的活动，甚至征兵者自身的效率性——陆军游戏计划组在陆军征兵司令部内挑起了政治对抗。在利润丰厚的军事训练模拟市场上，其他如美国陆军模拟、训练及仪器项目执行办公室之类的组织，威胁到《美国陆军》最初在军事类严肃游戏中提出的领土主张。这些竞争凸显了"军事-娱乐复合体"与美国军方之间的异质性。

陆军游戏项目组另一一直尝试做的事情，是将该项目与消极的"替罪羊"话语脱钩，这些话语将电子游戏与个人攻击性和暴力行为联系在一起。一度有多个组织和团体对游戏明显抵制。例如，美国公民自由联盟（ACLU）在2008年一份关于美国征兵做法的报告中写道，《美国陆军》让17岁以下的儿童被征召入伍，违反了美国参议院批准的《儿童权利公约》"。这份报告中提到,《美国陆军》是美国的许多征兵方法之一,根据美国公民自由联盟的说法,《美国陆军》将17岁以下的年轻人作为未来征兵的目标。其他周期性干预措施和抗议活动将《美国陆军》定位为"为非正义战争征兵"的象征。约瑟夫·德拉佩的"伊拉克之死"艺术项目和电子游戏纪念录像中录制了德拉佩在《美国陆军》聊天日志中输入已故退伍军人姓名的视频,以及许多玩家对他这样做的尖锐反应。[12] 他的"美国外交官"网页模仿了美国陆军网页的设计,为美国外交部门做了一个虚构的游戏广告。他的"美国外交官"网页是一个组织得更好、宣传得更好的在线干预措施之一。

尽管这些例子以创造性和令人信服的方式挑战了《美国陆军》的官方信息,但游戏本身在很大程度上避免了争议,并被主流新闻媒体将重点调整为关注《美国陆军》作为游戏开发商的报道(细节见第五章,虚拟陆军体验及陆军体验中心遭到了更有组织的反对,这可能是因为他们都有实体的、可公开进出的地点)。这种普遍避免争议的做法部分是由于本章所述的多种说服策略,这些策略针对的是不同的受众和机构。经济和人力资源分析办公室的努力一直朝着利用新的"人才"的最终目标努力,以确保军队未来的生存能力。为此,沃丁斯基的工作重点是说服政府和军事团体了解该项目的可行性。市场营销和公共关系专家将他们的精力用于说服公众相信游戏的伦理基础,包括对暴力的描述、对年龄的适当性以及对战争的游戏式描述。同时,游戏本身也在努力劝说其玩家参军,或者至少趋向于接受军队作为一个塑造美国社会的积极机构的观点。在下一章中,我将对《美国陆军》为实现这一结果而使用的一些具体技术进行调查。

注　释

1. 之前称为 STRICOM（模拟训练和仪器司令部）。
2. 参见 http://www.linkedin.com/in/caseywardynski，访问于 2015 年 11 月 13 日。
3. 参见 http://www.linkedin.com/in/caseywardynski，访问于 2015 年 11 月 13 日。
4. 学者们不断交流他们的研究方向和有兴趣的书籍，这对沃丁斯基来说是真的。他的办公室书架上醒目地摆放着《科林·鲍威尔的领导秘密》（哈拉里，2002）、《魔鬼经济学：一个流氓经济学家对一切事物隐藏一面的探索》（莱维特和达布纳，2005）、《改变游戏：电子游戏如何改变商业未来》（艾德瑞和莫里克，2009）、《"9·11"委员会报告》（全国恐怖袭击委员会，2004）、《到矿里去找钻石：在商场里试验征兵站》（弗里克和菲尔，2003）等书籍；书架上还有《葛底斯堡》《勇敢的心》《华尔街》《交易场所》《锅炉房》《条纹》（他自称最喜欢的电影）和《我们是士兵》等电影碟片。
5. 从他的角度来看，这些努力可能包括国防部资助的创意技术研究所的游戏《全光谱战士》（流行病工作室，2004）和《全光谱战士之十连锤》（"流行病工作室"，2006），以及海军的游戏《打击与夺回》（美国海军，2005）。虽然在这次采访之后的几年里，它已被证明在军事制度化方面比《美国陆军》更成功，但是沃丁斯基也可能指的是陆军训练的模拟竞争对手模拟、训练及仪器项目执行办公室及其波西米亚互动虚拟战场仿真特许经营合同（VBS2 和 VBS3），美国陆军的官方训练模拟器。
6. 根据《信息自由法》的调查结果，《游戏简介》报告称，在 2000 年至 2009 年间，陆军游戏项目组的总成本为 3280 万美元，在游戏最初 10 年的开发中平均每年为 328 万美元（辛克莱，2009）。
7. Steam 平台是个人电脑游戏内容分发的领头羊，也是最流行的访问《美国陆军 3》的方法。Fileplanet 创建时间早于 Steam，是下载数字游戏内容的另一种平台。
8. 沃丁斯基（2009）为向军方和政府代表推销游戏合法性而编写的公共关系文档，明确借鉴了劝服技术和行为经济学方面的文献，这也是沃丁斯基的博士专业。
9. 福格的书（2003）直接影响了沃丁斯基将游戏作为说服工具的方法。
10. 参见《美国陆军 3》常见问题解答，第 30 页，http://aa3.americasarmy.com/。

documents/AA3_Knowledge_Center_FAQ.pdf，访问于 2014 年 7 月 2 日。

11. 这是一篇长篇文章的摘要。2011 年《美国国会报告》第 307 章第 10 节第 3062 款规定了"一支能够与其他武装力量联合起来……战胜任何对危害美国和平与安全的侵略行为负有责任的国家的陆军……陆军……包括陆上战斗部队和服务部队，以及其中可能含有有机结合的航空和水上运输部队"。

12. 参见 http://www.unr.edu/art/delappe/gaming/dead_in_iraq/dead_in_iraq%20jpegs.html，访问于 2014 年 7 月 4 日。

第三章

虚拟及真实的技巧

　　我们现在处于一种关于战争的新上层建筑中，在这种结构中，战争的目标和公共安全的敌人就像梦中的形象一样具有可塑性和任意性。

　　——艾伦·费尔德曼，《非属地化的公共安全战争》

　　这个敌人不再是具体的和可本地化的，而是变成了某种短暂而无法抓住的东西，就像天堂里的一条蛇。敌人是未知的、看不见的，也从未出现过，更多的是一种敌对的气氛。敌人的脸出现在未来的阴霾中，在法外之地起到了支撑合法化的作用。事实上，这个敌人不仅是难以捉摸的，而且是完全抽象的。

　　——迈克尔·哈特和安东尼奥·内格里，《大众》

　　虽然许多军事类游戏的场景都是虚构的，但《美国陆军》的根本目的是非常真实的。政府对《美国陆军》软件的改造正被用于训练士兵掌握与工作相关的特定作战技能,用一名军官的话来说,这款公共电子游戏的目标是通过利用已经军事化的游戏来"填补基本训练的空缺"。尽管陆军游戏项目组一贯否认围绕特许经营产品的公共关系材料中的任何招募目标,但代表们私下经常承认是有明确的招募目标的。经济和人力资源分析办公室收集的数据和沃丁斯基在前一章阐述的理由也反映了这一重点。无论游戏是否能有效地实现这一目标,《美国陆军》作为一种在民间社会中分配和规范军队逻辑的军事体制力量手段,它试图影响非军方人士对军队的看法。这些没有入伍的虚拟士兵(游戏的平民设计师、玩家、这些人的朋友和家人,甚至是研究这款游戏的人类学家)都被不断施加影响,通过游戏说服将美国的军事需求优先,并接受美国的军事化叙事——这是一个明明白白的、无可置疑的事实。出于这些原因,陆军游戏项目组提供了一个窗口,展示了陆军是如何看待自己的,以及它是如何通过公关活动、技术景象、男性气概、爱国主义和许多其他辞藻上的部署来向外传播其文化想象的。

其中一项部署——神秘的、"虚幻的"敌人的形象——使游戏用户能够参与到对不断变幻和难以捉摸的美国敌人的富有仪式感的虚拟征服行为之中。这些敌人与所谓的《美国陆军》的"真实英雄"形成了鲜明的对比,9名真人士兵被陆军游戏项目组称为"激励人心的"士兵,项目组以他们的形象做成塑料兵人并放到售卖网上。虽然"真实英雄"模仿了真实士兵的生活,但他们是公众人物,和虚幻之敌一样是人为塑造的。其中一位"真实英雄"汤米·里曼的

第三章 虚拟及真实的技巧

图3 CNN记者苏珊·罗伊斯乔在"虚拟陆军体验"为《沃尔夫·布利策的情况室》节目采访《美国陆军》"真实英雄"汤米·里曼（左）和约翰·亚当斯（中）。作者拍摄，2008年8月

未经策划的故事用了一个鲜明而复杂的叙事主线，掩盖了"真实英雄"经过精心策划的角色特点（见图3）。把虚幻之敌和"真实英雄"结合在一起，是使战争永久化的手段。

虚幻之敌

小时候，我和我的两个表兄弟经常玩《超级马里奥兄弟》和《猎鸭》，这两款游戏含在最初的任天堂娱乐系统中。尽管我和我认识的大多数人都更喜欢玩马里奥，但用游戏附带的电子枪射击电脑鸭子还是很有趣的。当我们看到鸭子们被射击时眼睛里流露出一种愚蠢、震惊的表情时，我们就觉得很有意思、很满足。我们中没有人关注游戏中的暴力行为，尤其是当我目睹了表兄弟们为了抢夺电子枪的使用权而发生的实际暴力事件，这可比我射杀愚蠢的鸭子或在马里奥的致命跳跃下压扁怪物要暴力得多。当不玩电子游戏的时候，我们有时也会想象在"林肯原木"堡垒中与绿色、灰色和棕褐色士兵展开激烈战斗，这也能得到同样破坏式的乐趣。然而，这些战斗中的敌人并不是抽象的、有点人格化的生物，而常常是我们美国人都认同的敌人：德国纳粹和苏联人。

大部分电子游戏通常都有统一的敌人，他们只在想象中的世界里存在：邪恶的巫师、傻乎乎的卡通鸭子、喷火的龙、入侵的外星人、超大型的食人植物。虽然许多当代游戏将其情节设定为对抗这些更抽象的敌人，但显而易见地，仍有许多游戏中设定了特定历史和文化环境下所特有的"民族敌人"。这些敌人有着悠久的历史，他们往往存在于源远流长的文化叙事中，起源于游戏世界之外。例如，当我和我的表兄弟们玩塑料兵人和"林肯原木"堡垒时，我们受到了美国民族主义电影的启发，比如《十二金刚》《绿色贝雷帽》和《巴顿将军》。就像这些越战时期制作的电影，以战争为主题的电子游戏往往是对过去或当前冲突的一种平衡，与当代的军事工作并行。军事类主题第一人称射击类游戏常常设定在不久的将来，美国军队必须与假想中的特定国家或意识形态敌人进行战斗。大量军事类主题的游戏遵循这些模式。突出的例子包括《战地》《荣誉勋章》《使命召唤》《冲突》，还有《魂斗罗》和《绿色兵团》（这两个案例来自 20 世纪 80 年代），还有 2011 年的游戏《国土防线》，该游戏设想朝鲜将入侵美国，与 2012 年的电影《红色黎明》（翻拍自 1984 年同名影片）的背景设定相同。1984 版的《红色黎明》是将一个主要由苏联人和古巴人组成的泛共产主义组织作为美国的敌人，而 2012 年的版本则将得到俄罗斯支持的朝鲜作为美国的敌对势力。随着图形、建模、纹理和运动捕捉技术越来越好，这些特定敌人的细节变得越来越细微而具体。

虽然用地域、历史和文化标记敌人已成趋势，但是在以军事为主题的游戏中，仍然存在其他形式的抽象化敌人，比如《美国陆军》呈现的是一个匿名的敌人，这个敌人不局限于特定的地区或民族。一般来说，战争游戏的历史是一般的、抽象的敌人的历史，在"红对蓝"的配置中对立一方是根据特定情况设置的有能力的、相匹配的力量。因此，《美国陆军》中的敌人并不是全新的。同样，《美国陆军》也遵循既定的第一人称射击游戏惯例。原因之一是游戏使用了"虚幻"游戏引擎——第一人称射击游戏最常用的开发工具。游戏引擎为设计者提供了一种工具，可以在环境中塑造物体模型，可视化地呈现数据，定义人工智能的行为，并存储系统文件（以及其他许多东西），游戏引擎是游戏的主干，其他一切都是依附于其上的分层而已。《美国陆军》是第一款使用"虚幻 2"游戏引擎的游戏，设计者将其早期成功的部分原因归结于它展示了当时最尖端的图形，这是免费提供给游戏玩家的。发布于 2009 年 6 月的《美国陆军 3》使用的是"虚幻 3"游戏引擎。

在提到"虚幻"游戏引擎时，我用"虚幻"一词来描述游戏中出现的敌人的类型及下面所述的例子。这个存在于"美国军队的虚幻之敌"这个双关语产生的令人不安的有限空间中。(这个短语有很多种读法,都是正确的。"虚幻"可以指游戏引擎,也可以是形容词,或者两者兼有;《美国陆军》可以指游戏,也可以指军事机构,或者两者兼而有之。)使用"虚幻"这个词,并不是指否定、对立或不存在"真实"。虚幻之敌与其说是作为"真正"敌人的镜子或对立面,不如说是一种产生和理解真正敌人的手段。[1] 军事游戏中虚构的敌人不仅反映了美国对未来冲突的文化关注和焦虑,而且也是让现实敌人显现的途径之一。换句话说,为对抗潜在敌人做的准备工作,是将潜在敌人转化为现实的一种方式。

这种敌人的存在离不开其对立面,在此案例里,就是美国士兵。《美国陆军》通过禁止玩家扮演美国军队的敌人来玩游戏,为这一点提供了一个突出的例证。虽然游戏的一般形式是由两队人类玩家组成,他们互相对抗——通常情况下一方进攻,另一方防守——但是每个人都是以美国士兵的视角。这款游戏中独特的设计被研发人员称为"交换模式",这意味着两组不同团队的玩家都认为自己是美国士兵,而对方是敌人。"交战规则"强化了美国士兵在《美国陆军》游戏世界里不是法定目标的规定,该规则通过消除"荣誉"点来惩罚玩家在游戏中对己方的误伤(往往是故意开火),这会影响玩家的威望水平、使用服务器的权限,以及在游戏中选择更理想的武器和领导职位。

每个玩家都把自己的对手看作敌人,在游戏的早期版本中,他们戴着滑雪面具或其他隐蔽装备,用来消除可能指向特定种族或群体的表面标记。在《美国陆军3》中,这种敌人的伪装被去除了,敌国和美国的士兵都有相同的随机组合的面孔，但体形和装备完全不同。消除有区别的敌人种族有助于造出一个匿名的敌人，这个敌人可能在任何地方，适用于任何场景。与我交谈的一位陆军征兵者同时也是《美国陆军》的狂热玩家，他明确表示："这个游戏教会你不要向友军开枪。它强调打击恐怖分子，而不是共产主义者或某些民族。你看不到他们的特征，所以你不能对任何种族或群体抱有偏见或歧视。这款游戏不会让人产生杀人或种族歧视的欲望。它是为团队合作和正能量而设计的，而不是为杀戮和种族主义那样的负能量。"

游戏设计者当然是在游戏设计里故意移除了敌对种族的可识别特征，它也服务于游戏的可玩性等其他实际目的。艺术家齐克表示，这种做法绝对是蓄意的。

首先，这是我们谈论［关于种族和国籍］的原因。其次，这对我们双倍有利，因为它还是给了敌人一个有别于朋友的样子。所以当你玩这样的游戏时，它并不总是清晰的——非黑即白的。如果角色上没有清晰标明身份的东西，那你从远处该向谁射击就很难搞清了。我只能想象在实际战斗中，如果你不总是和你的队友在一场真正的战斗中接触，那可能是这样的。……但这就是游戏性，我们必须让它变得有趣，因为如果太难的话，人们就不想玩了。因此，像使用滑雪面具或一些疯狂的伪装，只是为了让他们与众不同，这对区分敌人有很大帮助，而且没有任何隐含的意义。至少这是目标。我认为所有的战争游戏都会时不时地受到打击。这个游戏可能是因为陆军的缘故，所以遭受的打击更多。

即使在新的《美国陆军3》中可以看到敌人的脸，玩家也会被自动分配各种随机的面孔，而且通常不会看到自己的脸。这些年来游戏中所呈现的地理标记的多样性更显示出敌人不来自任何特定的地区。游戏的环境，如雪原、沼泽和农场让人联想到南部诸州、被遗弃的东欧城市，至于某些中亚地区的场景，显然是对阿富汗进行的模拟，这证明了敌人可能是任何环境中的任何种族。这个敌人与前面提到的军事类第一人称射击游戏形成了鲜明的对比。与将敌人外化成俄罗斯人或伊拉克人相比，《美国陆军》通过地形和敌人的设计强调，一切可能就发生在美国本土（见图4和图5）。

图4 一座美国乡村的房子，《美国陆军》平面设计师和艺术家使用的参考图片

图 5 《美国陆军 3》游戏里"牧场"场景中的参考照片

齐克进一步讨论了语言和文化方面的考虑如何在游戏的展示中发挥了重要的作用：

> 考虑到这是一个陆军游戏，想要制造一个敌人而不让很多人感到不悦和愤怒是很难做到的……从来没有任何指令，没有人到我的办公室里对我说："不，你不能把阿拉伯字母写在门上。"我被告知不要使用英文字母，我也听到过不要使用那些会产生这种暗示的东西，但这也是我个人的事情——我个人就不打算这么做。但我们的评议中肯定有很多次这样说过。另一方面，有一个场景是在美国的土地上，我做的一个东西上面有一个虚构的品牌，但我记得在我们的艺术评论中，制作人说："你知道，我们不想使用英语。"我们确实自己独创了一门语言。比如，我创作的一辆大巴上写着"城市交通"。在制作人

说了不用英语或任何其他已有的语言之后,我去找了精通伪算法的塞缪尔,他将字母 L 或者 Th 糅合到词语当中。他编造出一个短语或单词,然后又改造成其他一些疯狂的语言,这些不同之处非常巧妙。

《美国陆军3》通过虚构的国家泽瓦尼亚更加突出地展示了这些想象中的语言和地理位置。[2] 在这个模糊的东欧国家中,《美国陆军》的虚幻之敌变得更加清晰,尽管它借用了无数世界各地的地貌、历史、语言、武器和建筑。游戏设计师塞缪尔解释了他是如何通过在线翻译技术拼凑起泽瓦尼亚语这门虚构的新语言的:

[陆军]不想要伊拉克之类的。他们想创造一个不存在的政治局面。……基本上,我们是把克罗地亚语、斯洛文尼亚语和东欧这些受俄语影响的语言与西班牙语的语法结构结合起来。……我打开 babelFish.com 和 dictionary.com 以及其他几个翻译网站,我在里面输入了一个单词,尝试用西班牙语和斯洛文尼亚语创造出有趣的发音词,有时甚至是捷克语。基本上来说,我创作的东西听起来很酷,讲起来也很流畅,如果我创造了一个句子,我会用可笑的东欧口音说几次。如果听起来很酷,好吧,我们就用它。

通过这种方式,研发人员希望设计出一种泽瓦尼亚场景,该场景反映的现实是,这个敌人对美国陆军来说并不完全陌生,在创造游戏的文化和地理背景时主要受通用的斯拉夫语和波罗的海沿岸的影响。尽管塞缪尔和其他大多数美国陆军游戏研发人员普遍认为2009年普京领导下的俄罗斯日益强大的实力在美国政府的许多人看来是一个日益严重的威胁，但他们无法预测集结一支俄罗斯军队作为美国陆军的敌人的政治事件。

家与敌之间的文化疏漏

随着2009年《美国陆军3》的发布，《美国陆军》中虚幻之敌的形象出现了新的演变。下载了这款游戏的玩家被带入这样一种场景：一个虚构又模糊的东欧岛国奥斯特雷加民主共和国在没有挑衅别国的情况下，遭到了其北方民族主义邻国泽瓦尼亚入侵。在这种情况下，美军应奥斯特雷加政府和联合国的请求部署部队以解决这一局势。这个背景故事的细节是由加州办公室的游戏研发人员共同想象和设计的，那里也是我主要的实地工作地点。他们从泽瓦尼亚士兵和平民的视角考虑了景观、建筑、语言，甚至连泽瓦尼亚式武器都是精心设计的，以符合泽瓦尼亚的风俗和规范。艺术家们开始谈论在泽瓦尼亚和奥斯特雷加常见的"文化调色板"。他们利用谷歌图片搜索，在西班牙、捷克、斯洛文尼亚和其他符合他们的泽瓦尼亚地理形象的国家找到了一些建筑和城市。泽瓦尼亚语（见上文）是基于各种现存的欧洲语言创建的，而伊拉克、阿富汗和其他地方的战争场景也成了游戏中战场场景的参考。（尽管一位艺术家告诉我，他并"不想在谷歌上搜索'战区'，因为你会得到很多混乱的图像"。但他们确实这么做了）延续了早期版本的《美国陆军》虚幻之敌的传统,这些来自真实世界的推断被有意识地采用,暗暗反映了他们所指的对象。

如前所述,早期版本的《美国陆军》里有不知名的敌人,他们通常戴着滑雪面具,没有明显的政治指向,不知道来自哪里,也没有明显的宗教信仰。泽瓦尼亚敌军来自更为具体的斯拉夫和俄罗斯的文化典故,而在政治意识形态上则大量借用纳粹德国。然而,一位游戏设计师告诉我,出于公共关系和国际关系的目的,"泽瓦尼亚不可能是种族至上主义者,因为我们在美国士兵身上使用的是相同特征的头部","我们也不能提到宗教冲突。这是陆军特意指示我们不要这样做的事"。

泽瓦尼亚敌军的设计指向了一种想要把过去美国的军事冲突理想化的愿景,但是又不愿意承认21世纪初美国反叛乱运动的严峻现实。陆军要求,泽瓦尼亚式的冲突与伊拉克和阿富汗实际的反叛乱冲突不同,作为敌人,它必须是一支传统的、有组织的、穿着制服的现代军队,完全能够面对面地对抗美国陆军。换句话说,泽瓦尼亚军队与在阿富汗和巴基斯坦的叛乱分子或塔利班没有什么相似之处,在游戏发布的时候,塔利班是美军的主要对手。相反,就像对过去美国陆军与其他常规军队之间冲突的事后浪漫化一样,泽瓦尼亚式冲突形成了一种成熟的媒体类型,它代表着一场英雄式冲突,针对的是一个有着固定意识形态、地点和政治议程的明确的敌人。它代表军队进行一场正义的、良性的战争。"我希望场景是军队准备要开战了,"泽瓦尼亚的首席设计师塞缪尔告诉我,"这一次他们是为了保护人民、伸张正义、停止屠杀而开战的。……这是一个理想化的版本，反映了陆军希望自己成为什么样的人，而政客们希望陆军被用来做什么。"

尽管目前的美国军事反叛乱战略并不侧重于民族国家和常备军之间的冲突，但美国对跟一个明确的敌人打一场"师出有名"的正义战争的浪漫愿望可以说是极其强烈的。作为一个强大且明显咄咄逼人的敌人，泽瓦尼亚展示了这种怀旧的倾向，也引起了未来冲突的潜在可能性，因为它显示出美国对长期敌对的国家和前敌国——特别是俄罗斯——不断崛起的国际经济、外交和军事力量的担忧。

这种普遍的焦虑也许是因为，尽管人们小心地将泽瓦尼亚与任何现实世界的国家区分开，但是在2008年8月俄罗斯攻入其南部邻国格鲁吉亚时，泽瓦尼亚的故事似乎马上就成了现实。一个月后，当沃丁斯基来到加州的工作室时，他和研发人员都表达了担忧，因为在他们看来泽瓦尼亚是多么像俄罗斯，而奥斯特雷加民主共和国是多么像格鲁吉亚，这实在太诡异了。"这几乎是一模一样的情况。"一个人告诉我。人们真正担心的是，一旦游戏发布，虚幻的、抽象的泽瓦尼亚敌军可能会变成具有真正政治意义的具象的东西。当这个国际事件发生的时候，泽瓦尼亚已经在游戏和《美国陆军漫画小说》中完全成形了（见图6），虽然两者都还有几个月的时间才发布。一位研发人员向一些来工作室参观的军人保证："尽管我们当中可能会有人这样说，'那些山看起来像高加索'，但是奥斯特雷加人不是格鲁吉亚人。"为了使游戏与俄罗斯—格鲁吉亚冲突看起来更不相像，任何可以被解释为指向这一场景的图像，例如被认为"过于

图 6 《美国陆军漫画小说》系列第 8 本的封面,画的是泽瓦尼亚领导人阿兹迪克将军。舍曼、布鲁克斯、布朗,2013 年

苏联式"的导弹，都应沃丁斯基的请求被移除或更改了。

《武装突袭2》(2009)是一款于同年发布的以军事为主题的商业制作游戏，是《美国陆军3》的竞争对手，奇怪的是，它展示了同一事件中不同的敌人类型。《武装突袭2》以"模糊了现实与虚构之间的界限"的故事情节来营销，游戏中一个独立的共产主义派别控制了虚构的"后苏联"时代高加索国家切纳鲁斯的一个地区（切纳鲁斯的字面意思是"黑色俄罗斯"）。在《武装突袭2》的游戏世界里，没有隐藏任何对南奥塞梯的暗示，冲突发生在一个被称为南萨戈利亚的地区。"亲西方"的切纳鲁斯政府不出所料地呼吁北约提供援助，这为美国的军事干预提供了十分牵强的理由。

到2009年6月这两个游戏发布的时候，格鲁吉亚冲突几乎已经在24小时的新闻周期中被遗忘了。创建泽瓦尼亚的本意是将美国军队从一个特定的敌人中分离出来，但事实证明，尽管它的研发人员尽了最大的努力，它仍然可能因为被联系上一个现实世界的特定敌人而不受欢迎。类似的情况《美国陆军》也发生过，在2003年伊拉克战争的早期，一些玩家开始感觉到美国军队的虚幻之敌和实际敌人之间同时存在着相似和差异。《美国陆军》的媒体宣传则故意将代表性忠诚和叙事分离并列起来。沃克是一位游戏研发人员，他在玩对抗泽瓦尼亚人的游戏时，一直在使用人为的民族诽谤[3]，在开发办公室进行的无数次游戏测试中，这种不可思议的联想让他常常停下来开玩笑地问我："对你发明的一个虚构的敌人使用诽谤是种族主义吗？"

亨利·詹金斯写道："我们用游戏来完成围绕着现代战争的工作

焦虑，至少暂时把它置于我们象征性的控制之下。"建立一个匿名但近距离的敌人，再加上其自身的模棱两可的语言，是一种对潜在敌人实现象征性霸权的制度性努力，对敌人进行抽象化是完全符合美军传统的战争模拟和战术训练的。这种类型的敌人使训练能够针对一般敌人进行，目的是传授军事战术和学说，而且理想的情况是产生一支多面型部队，随时准备与任何特定的敌人作战。游戏通常还试图避免描绘美国特定敌人的刻板印象，以及这种描述可能导致的政治难题。2013—2014年乌克兰基辅的亲欧盟示威运动后克里米亚并入俄罗斯，以及据称俄罗斯对2016年美国总统大选的干预，美国对俄罗斯的担忧已经超过了2008年俄罗斯在格鲁吉亚和高加索战争期间的程度。在大众媒体上，长期被冷战时期电影描绘成美国战争传说中的宿敌俄罗斯，现在又带着新的压迫感卷土重来。虚幻之敌利用这些焦虑，而泽瓦尼亚的故事则为他们的征服提供了一个政治上的权宜之计和军事化的舞台。

我自己与这些虚幻之敌在电子游戏以外的有限经验是幽默的，但也是发人深省的。在华盛顿大学参加陆军预备役军官训练团的入门课程时，作为这个项目进行的初步实地工作的一部分，我与同学们一起参加了几次类似的假想式演习，这些假想式演习能够磨炼学员们以标准化阵形（作战顺序）有效地将战斗单位的角色传达到所有师级单位的能力。当有了一个开放式的选择来创造一种场景以实践作战顺序时，我的同学们设想了一个敌人：他像一个偷山核桃的松鼠，士气高昂，牙齿和爪子特别锋利，尾巴像蝎子一样会令人刺痛，还带有狂犬病。虚拟战斗从校园延伸到兄弟会，学员们手持斧头牌身体喷雾剂[4]、花生和一种可以使他们跳到树上的神密药物,最终制伏了这种敌对生物。

在人类学家凯瑟琳·卢茨的著作《后方》中,人们研究了规模更大、更正规的士兵训练演习,将其作为北卡罗来纳州费耶特维尔与邻近布拉格堡和波普空军基地的连接点。卢茨评估了大规模模拟演习的影响,这些演习通常是在基地以外和平民协作进行的。这些现场模拟,设想了一个有着许多社会经济和文化细节的被称为"松林"的地区,军事人类学家安娜·西蒙斯对此做了进一步的描述。[5] 卢茨和西蒙斯都描述了当地平民是如何通过扮演游击队或松林公民的角色来帮助模拟这些战争的。就像《美国陆军》的语言、景观和敌人都是从笼统的地方模仿出来的那样,松林也被刻意地做成了一个模糊但可识别的地方,反映了费耶特维尔的周围环境,并构建了卢茨所称的敌人和世界的"神话"模式,这种模式表现出了"文化引导的想象力、恐惧和愿望……好像是为了驯服他们"。

松林、泽瓦尼亚和吓到兄弟会男孩的"嗜血松鼠"都表现出神话般的规模并有着不同严重程度的敌人。每一种模拟都带有军事上采取行动和压制威胁的迫切性,每一种模拟都是建立对未知"他者"的控制的仪式,就像军事指导和训练的情景一样。虚幻之敌是文化、语言或种族指向性极低的敌人,因此,他虽然匿名,但可能是任何人。在任何地方,虚幻之敌都是一张白纸,都可以在上面推断出来任何敌人。对于卢茨来说,这种"战争游戏的不真实性……对国内和国外使用武力的分离提出了特殊的挑战并有可能导致国内和敌人之间的文化错位"。

在我的田野调查中，当我作为一名美国士兵在《美国陆军》里战斗的时候，我在看上去与我的出生地田纳西州东部周围环境惊人相似的地方与敌人作战；当我坐在一班陆军预备役军官训练团学员中间的时候，他们把华盛顿大学及其周围的校园想象为与"嗜血松鼠"开战的背景；当我与《美国陆军》的游戏设计师谈到他们必须给予认真的关注，才能从敌人身上抹去特定的、可识别的文化背景的时候；当我研究把费耶特维尔以前存在的地理区域描绘成松林地图的技术的时候，我发现这种错位在这些特定的时刻是非常明显的。

这种错位是不真实的。虽然卢茨断言，这种"战争游戏观影"的"顽皮时刻"重新界定了公民的角色，从一个质疑和行动的人转变为一个观察国家和权力本身并受到其娱乐的人，但她的立场是一种单向大众媒体模式，以传统宣传和消极观察的方式，从一个中央权力机构向许多个人广泛传播。这一立场没有考虑到数字媒体作为一种制度权力与公众接触的手段的表现性和互动性。虚幻之敌是根据定义来制定和执行的敌人，而不仅仅是被动的旁观者所经历的敌人。电子游戏的媒介需要这种控制论的表现，军队鼓励这种表现方式超越了游戏本身。

通过向公众传递信息，陆军游戏项目组积累了一段现场舞台表演的历史，其中第一次发生在2002年的电子娱乐博览会（E3）上，《美国陆军》在那里带着极高的评价进入了游戏世界，《洛杉矶时报》在头版上登载了这款游戏的简介。2003年的电子娱乐博览会上，士兵从黑鹰直升机上降落到洛杉矶会议中心侧楼并像风暴一样席卷了该建筑物。随后的电子娱乐博览会上陆军的亮相包括每日早晨的一场早间表演——"黄金骑士"表演队的专业跳伞队员从2500英尺高处的支奴干直升机上跳下,跳入博览会附近的一个停车场;然后是一场晚场表演——特种部队士兵利用改装后的汽车,穿着和使用"真正的装备、武器和制服",进行一场游戏里的实战表演。《美国陆军》在其他博览会上,如耶尔巴·布埃纳艺术中心早期公开曝光的,通过以有趣的方式将虚拟和真实环境结合在一起的展览进一步强调了游戏中的元素多么忠实于实际的军队武器和操作。[6] 相似类型的国内活动还有通过虚拟陆军体验实施并"部署"于美国各地的大型公共活动(在新闻稿中采用了陆军游戏项目组的措辞)。费城陆军体验中心是一个与游戏相关的两年试验项目,通过新媒体、社区推广和"软销售"进行征兵。

这种国内入侵表演活动,绕过了在关于数字游戏的流行和学术讨论中经常遇到的虚拟-现实二元论,并对这种二元论的实用性提出了质疑(见第一章)。军队本身模糊了真实和虚拟之间的界限,提供了一个游戏中的"虚拟征兵站",玩家可以去那里了解更多所谓的《美国陆军》真实英雄,这些真实英雄是被选中的代表个人成就和服务理想的模范士兵,通常是各个军衔级别的士官,这些职级是恪尽职守的新兵现实可得的。这种访问可能为来访者提供关于特定军事职业专业(MOS)、制服装饰和士兵个人的丰富信息。与《美国陆军》中的虚幻之敌形成对比的是,玩家被鼓励与这些真实英雄建立联系,并因访问虚拟征兵站而获得额外的"荣誉积分"。一批真实英雄样貌的3英寸塑料雕像被作为促销商品分发,"虚拟陆军体验"里的几个真人版英雄参与了国内巡游,在航空展、全国运动汽车竞赛协会竞赛、州博览会和其他大型公共活动中公开露面。

　　作为个人,"真实英雄"是抽象的虚幻之敌的对立面。虽然《美国陆军》不是大多数电子游戏分类中通常定义的角色扮演游戏(RPG),但该游戏鼓励玩家模仿真实英雄,开发者有意识地将更多角色扮演元素纳入《美国陆军3》。《美国陆军》另一款副标题为"士兵"的游戏在项目的早期阶段就被取消了,该游戏更多地专注于在陆军中职业道路的角色扮演。但研发人员希望在游戏中加入角色扮演元素,这影响了后来的版本和衍生产品,比如"虚拟陆军体验"和"陆军体验中心",他们都是强调军事职业专业特定工作功能的场所。经济和人力资源分析办公室《美国陆军》首席运营官迈克·马蒂少校也用这些术语描述了实施"真实英雄"计划的原因,在访问西点军校时他告诉我:"陆军与美国民众的接触较少。因此陆军推销自己的机会也少。你不能在30秒的广告里这么做。你必须为他们提供一个虚拟的世界,让他们直面士兵和陆军,而不是让别人告诉他们陆军是什么。"

　　在游戏的背景下,玩家自己就可以成为"真实英雄"。也许正是在这种士兵和玩家之间的模糊,在"虚拟士兵"的阈限性中,游戏作为一个公共关系工具的效果是最深刻和最明显的。例如,个人玩家被陆军游戏项目组褒奖为模范公民,比如一位《美国陆军》的玩家在一次车祸中提供了医疗援助。这些基本的医疗训练归功于该游戏版本的所有玩家(在《美国陆军3》之前)必须在虚拟教室里坐下来听15分钟的讲座,这对于他在紧急救援到来之前照顾车祸受害者至关重要。在一份新闻稿中,沃丁斯基称这名玩家为"真实英雄",并补充说:"我们很高兴在救生训练方面发挥了作用,让他在现场成功使用。"在一次采访中,另一名应征入伍的士兵在介绍游戏中的动作和指示物之间的关系时使用了这样一种措辞,他向我解释说:"游戏中的一切都是真实的,因为它完全是由陆军设计的。甚至连医生都是真实的。"[7]

然而,最终被呈现的是应征的士兵作为"真实英雄"和"真正的战士"。(这款游戏的某个游戏平台版本名为《美国陆军:真正的士兵》)《美国陆军》网站定期发布有关真实英雄的履历信息的文章,包括他们的家人的个人照片、每个真实英雄得到的徽章和奖章的详细信息,以及采访视频。记录他们获得奖章的独特战斗经历的故事是这些传记的主要特点。[8] 最初发表在《美国陆军》网站上的一篇采访文章再现了真实英雄杰拉尔德·沃尔福德(见图7)被一个伊拉克士兵射击的经历:

"我和我的炮手都看到一个火箭弹(RPG)向我们的阵地发射,我有时间转身喊'RPG',所以另外两个人有时间卧倒。"火箭弹击中高机能多用途轮式机动车[悍马]上方的桥,打伤两名沃尔福德队里的人。……由于他的高机能多用途轮式机动车在火箭弹爆炸中只受到了很小的损伤,沃尔福德能够用其掩护伤员并把伤员送到伤病员收集站和医护人员那里。沃尔福德拒绝为他提供医疗护理,并再次前进,以便为他的队员提供掩护。"此时,"他说,"车辆被第二枚火箭弹击中。……我们甚至没有看见发射的那个人。"……就在攻击者

图 7 《美国陆军》中的一个真实英雄，一级士官杰拉尔德·沃尔福德，数字、塑料及图片版

准备另一枚火箭弹时,他被美国人发现了。沃尔福德观察到袭击者,"他一定以为自己是防弹的。他就在路中间跪着准备发起新一轮攻击。我们与他交火,然后我们再也不用担心火箭弹了"。[9]

在这里,真实英雄所说的话是把一个伊拉克敌人作为一个虚幻之敌抽象成一个无生命的物体:应该担心的不是伊拉克士兵,而是火箭弹。这些故事都是由真实英雄们写的,他们试图定义和解读游戏的体验,使士兵的人物形象不仅是单向的,而且就像任何游戏一样是表演性的和网络性的。当然,"火箭弹(rocket-propelled grenade)"和"角色扮演游戏(role-playing game)"这两个词首字母缩写之间的对应是巧合,但这种对应关系恰如其分地捕捉了技术军事术语和游戏术语之间及被熟练使用的游戏类型与敌人的工具之间的差异。两者都被用作和缩写为一种战争技术。从军事体制权力的角度来看,这两种RPG在某种意义上都是武器。

真实英雄对陆军是有用的,他让玩家能够模拟和想象自己所在的位置,同理,虚幻之敌对于军队来说也是一种想象目标的有用方式。与其他以军事为主题的射击游戏不同的是,《美国陆军》在时间和空间领域中很少提供敌人的概念。《美国陆军》的虚幻之敌是敌人抽象化的回归;然而,这并非基于计算限制或设计中的审美选择,而是一种更普遍、更包容游戏内外环境的抽象概念。虚幻之敌不知名,难以捉摸,总是在拐角处,他并不局限于任何一个游戏或时刻。虚幻之敌影响并先于美国陆军真实敌人产生,他在军事制度权力的框架内运作，通过虚拟士兵产生一种"混合主体性"，这种主体性由"制度之外但更严格地受其纪律逻辑支配"构成。

汤米·里曼，真实英雄

由于其抽象性，虚幻之敌的构造性质是显而易见的。然而，真实英雄们也参与了一个叙事过程，围绕着一个特定的时刻构建了他们整个人生——在战斗的时刻，他们的行为使他们被提升为一个真实英雄。这个信息暗示，如果他或她有军事纪律、训练和勇气，这些行为任何人都可以执行，但正是这种表现区分了真实英雄和普通人。真实英雄最终是一种挑战，试图改变"车轮上的齿轮"——军队的工业福特主义形象。就像陆军那条短命的、自相矛盾的失败的兰博式口号"陆军一号"一样，真实英雄试图向平民（和潜在的新兵）展示，陆军是由一群"有才能"的士兵组成的，而不是一群只会发牢骚的人。"增强你自己的力量，捍卫自由"是出现在许多陆军游戏项目组产品上的一个短语，真实英雄在整个陆军制度中体现了这种个人赋权的论述。

网站、博客、个人照片、个人简历、视频、媒体采访和"虚拟陆军体验"的外观都在多媒体工作中发挥作用，通过真实英雄的个人形象来使军队个性化。然而，在真实英雄的公众角色之下，自然存在着一个更加不确定的人类形象。就像虚幻之敌一样，建立真实英雄的身份也是一种巧妙的手段，它展示了某些部分，同时也忽略了他们生活的其他方面，而这些方面对美国陆军来说可能并不是最讨人喜欢的。真实英雄们所做的和经历的无畏行为确实是改变人生的事件，使他们与大多数人区别开来，但不一定像《美国陆军》信息中所描绘得那样。

当我与真实英雄托米·里曼（他是真实英雄计划组的代言人）交谈时，他讲述了他从伊拉克返回美国后马上就患上了创伤后压力心理障碍症，之后又经历了调整派遣，这种隔阂在其过程中显而易见。与他的公众角色形成鲜明对比的是，里曼自己对征兵和回归的描述是矛盾的，他讲述的是同时幻灭的幻想和爱国的自豪感，这种幻灭中带有从高度净化和修饰的公众真实英雄叙事中被有意忽略的元素。

在2008年，我与他谈话两年后，纪录片《中途回家》拍摄了关于里曼部署、创伤、重新征召入伍和重新部署的故事。影片的重点是讨论保护受伤的退伍军人免受战争创伤袭扰的体制和社会文化障碍。它再现了一种对创伤后压力心理障碍症的讨论式的总括性观点，这给政府机构带来的麻烦比美国在战争中的所作所为和为其辩护的意识形态立场加起来还多。影片暗示，创伤后压力心理障碍症是确保美国人自由的必要但不幸的代价，它可以通过更好的机构支持和文职志愿者的努力来克服。这部影片以很有意义的方式对5个人进行了人性化描述，但它的总体信息是，对受伤老兵的同情与对战争的支持是同时并行的。影片暗示，反对战争就像反对受伤的退伍军人，比如经历了改变人生的创伤的里曼。

然而，创伤后压力心理障碍症与真实英雄的媒体人物故事无关。值得注意的是，没有真实英雄有任何目力可见的外在伤害，因为这将跟陆军游戏项目组的征召目标相违背（见图8）。传播学学者保罗·艾克特在分析媒体对受伤的美国退伍军人身体的描述时讨论了里曼，他写道："就视觉记录而言，里曼已走到死亡的边缘，然后又毫发无损地返回，这使他成为美国陆军及军队喜欢在新兵中培养的战士精神强有力的代表。"

然而，里曼不仅仅是这样，我在2008年印第安纳波利斯航空展上很快就发现了这一点，当时我和他在一张桌子旁边坐下来，这桌子在一辆装有空调的虚拟陆军体验半挂车司机座位后面。当我正在按照规定来解释使用采访材料的知情同意书时，他开始面无表情地盯着我，好像他已经完全准备好和我战斗一样。我慌张起来，怀疑地抬起眉毛，他突然笑了笑也让我笑了起来，他说："开玩笑

图8 汤米·里曼"真实英雄"兵人。作者拍摄

而已！"

里曼17岁参军，1999年，高中毕业后的一个月，他第一次被派到第82空降师，后来又被派到第五十步兵团，并在不同的时期驻扎在布拉格堡（松林区的原型）、科索沃和德国。在他被部署到伊拉克之前，他加入了一个专门从事远程监视（LRS）的部队。在2003年3月地面入侵伊拉克前几天，这支部队被空降到伊拉克境内进行侦察并对伊拉克军事阵地发动空袭。用他的话说，他和他们班另外5个人"在搞远程监视的一个藏身之地待了7天。你不能动，你的兄弟拿着你（准备吃）的速冻肉袋子，这样你就可以在里面拉屎，因为你不能动，因为你被困在这个该死的洞里。冷得要死，脚湿了，基础体温几乎要下降了"。尽管条件恶劣，里曼回忆起这段特殊的战友经历还是觉得这是他军事生涯中最美好的回忆之一。

差不多4年后，在2007年国情咨文演讲接近尾声时，伊拉克战争发起者乔治·W. 布什总统向汤米·里曼致敬，汤米与第一夫人劳拉·布什相隔两个席位。总统的言论反映了其他《美国陆军》真实英雄的战斗故事（见上文）。布什描述了里曼的远程监视侦察任务9个月后发生的事件——这些事件决定了他的军队生涯和他的大部分生活。布什的描述如下：

> 当汤米·里曼加入美国陆军的时候，他是一名在肯塔基州独立市加油站工作的十几岁的少年。2003年12月，他在伊拉克执行侦察任务时，他的小组遭到敌人的猛烈攻击。里曼中士在他的悍马车上还击。他用他的身体作为盾牌来保护他的炮手。

他的胸部和手臂中枪，腿部受弹片伤，但他拒绝接受治疗，继续留在战斗中。他向敌人的阵地发射榴弹，帮助击退了第二次攻击。由于他的非凡勇气，里曼中士被授予银星勋章。[10]

里曼杀死了数量不详的伊拉克叛乱分子，他说："我想起了 2003 年 12 月 3 日，我生命中的每一天……那不再继续困扰我。"鉴于军方对创伤后压力心理障碍症持续采取不正视的态度，里曼坦率而诚实地讨论他的经历，并公开提醒人们需要在制度上和社会上对这种改变生活的战争创伤（如创伤后压力心理障碍症）的态度进行重大改变，这是勇敢的。

在布什总统所说事件发生的第二天，里曼被从伊拉克调来的医疗人员"绑在小床上，一路飞回他妈的沃尔特里德，然后从沃尔特里德又飞回（北卡罗来纳的）布拉格堡"。里曼与妻子团聚，并有了"一个特别棒的周末，我很兴奋，我想：'天啊，我们就该这样过周末。'他们给我们放了他妈的周末假，我请了病假，他们给我开了周末用的很多药还有别的什么的"。然而，在最初这些正面的回归之后，他经历了"生命中最糟糕的过程"。他奉命到布拉格堡的一个部队报到，但没有收到该命令的实际复印件，也没有能够拿到该命令的任何联系电话。在接下来的星期一，

我向上帝发誓，就像我额头上长了三个角一样，因为我没有那张 [命令的] 纸，没人会他妈的帮我。基本上他们会说，"你他妈是谁？你从哪里来？如果你没有命令，我们帮不了

你。"……不幸的是，陆军也会犯同样的错误。它就像任何一家五百强公司，你知道，它是一个巨大的集团，巨大的组织。150万员工分布在世界各地。我的意思是，我们真的非常擅长我们所做的事情，但不幸的是，人们没法事无巨细，事情就会这样发生。事情不是有意而为的，我们也不会从错误中吸取教训。当我受伤的时候，没有任何已有的受伤战士计划。

里曼在获得治疗方面遇到了严重的困难，特别是心理治疗，"这太不正常了"。他试图阻止军队财务部门支付他在伊拉克的额外免税款项，"他们说，'我们帮不了你，你没有命令'。我说，'你知道，我想阻止你们付给我太多钱'。'对不起，我帮不了你'。这就是我得到的"。里曼处理了这些问题和日益困难的婚姻问题。

好几个月了，我没有心理医生可以谈谈。这是我生命中最艰难的时刻，我再次变得敏感起来，因为你在那里是完全无助的。你在某种程度上失去了感情和情感。你对某些事情麻木了。当我回来的时候，最轻微的事情都会吓到我，我不知道如何和我的妻子沟通。她经历了一个改变生活的事件，她管理着家庭，照顾着一切，生活在失去我的压力中。然后，我就突然在那里了。你们怎样彼此解释，使对方明白呢？你必须非常、非常认真地沟通，你必须做好。[我们]沟通得一点也不好。所以，我们也会讨论，但我们讨论的东西根本不是一码事……[艾伦："讨论的重点偏差了？"]是的。这是最困难的部分，我要重新融入平民生活。

　　我没有单位可以报到，所以每天晚上我都坐在家里和家人在一起，带着这种经历生活。你做噩梦，你醒来流汗，你尖叫，你哭泣，你……然后你发现自己在浴缸里或外面醒来。我吓坏了，锁上门，特别他妈的多疑。我们去沃尔玛的时候，你会想某人他妈的身上会突然爆炸。路上有个包，你突然转向，或者……我清楚地记得有一天晚上：我们开车回到我们的社区，有一个湖。有人放了些烟火，我正在开车。你知道，我们在伊拉克被简易爆炸装置击中。我开车的时候，烟花响了。我突然转向[偏离道路]，前轮卡在湖里了。我从车里跑出来，跳进了树林，我老婆就坐在那儿看着我，好像我是这个星球上最疯狂的混蛋。我花了一分钟才退后一步说："天哪！"所以重新融入社会并不容易。

在没有任何持续的医疗支持的情况下，里曼几个月来一直饱受创伤后压力心理障碍症的困扰，他的部队从伊拉克返回后，他终于联系上了他们，拿到了他的命令和文件。他去登记报到，并做了自我介绍：

　　他们把我当狗屎一样对待："你他妈的去哪儿了？你为什么这么胖？"我回来后体重增加了65磅，[而且]我搞砸了。我无法出去锻炼，我没有任何动力。我以为陆军已经忘记了我，他们根本不关心我，这对我来说是很难接受的。我恨他们那是因为我爱陆军，真的爱。……我会告诉他们我的故事，[但是]他们认为我在撒谎，因为我没有书面证明。

第三章 虚拟及真实的技巧

这样的困难持续了8个月，直到2004年8月，里曼意外地收到了一个包裹，里面有银星勋章和紫心勋章。"我不认为我做了什么特别的事情，但我团队中的每个人都提名了我。"奖章一到，他在布拉格堡的战友们的态度就改变了：

> 在那之后，人们都来拍我的马屁，因为他们无法相信我一直说的都是真话，我没说谎，文件在那里。……陆军坚持他们的规则，[而且]如果这是常识，那么也是不那么常见的问题，他们就没办法了，不知道该做什么。他们说，"见鬼，我是个士兵，这是规矩"。不，等一下。我明白规则是指导原则，但让我们看看这个。我们是士兵，我们是人，我们应该互相照顾。

在这些经历之后，里曼认真地考虑不再续约服役，而是到军队以外的地方去找工作。然而，在他看来，这些奖章是来自军队的信息，表明他的牺牲得到了承认和赞赏。他向我讲述了他接受奖章后与一位将军的谈话：

> 他是第82空降师师长，他说："孩子，你他妈的不该离开军队。这太疯狂了。你已经做了许多了不起的事情——我能为你做些什么？"我说："先生，什么他妈的也做不了。"然后他说："那么，你痛苦吗？""嗯，有一点。"我接着说道，"先生，只有天意才能使我留在部队了。"他说："如果我把你派到

五角大楼，给国防部长当安保人员呢？"我说："好吧，我在哪儿签字？""就这样。"两天后，他发来了文件，我签了字又重新应征入伍。在［我去五角大楼］前两周，我接到一个电话……："我们真的很高兴你能来办公室。"我说，"是的，我很高兴能保护国防部长。"她说："保护国防部长？这不是什么危险的工作。我们的国防部长好得很。"

里曼没有被分配到承诺的职位，而是被安排去做人事工作，主要负责人力资源，"这对于步兵来说是件苦差事……很难适应"。正是在五角大楼的工作中，他遇到了沃丁斯基，沃丁斯基邀请他加入新的"真实英雄"计划，成为《美国陆军》乃至美国陆军的发言人。2007年，他退出现役，加入了弗吉尼亚州国民警卫队，但通过参加虚拟陆军体验（见第五章）等活动，他继续参加真实英雄计划，我在印第安纳波利斯见到了他。尽管他理解寻求心理帮助的必要性，特别是在最初他返回美国之后，他仍然因为创伤后压力心理障碍症而面临未解决的问题。他认为现有的顾问不能理解他的痛苦并且不能帮助任何复原，因为他们本身没有在战争地区进行海外部署的经验。他的婚姻以离婚告终。

2008年，我对他进行了采访，两年后，他再次被征召到伊拉克。《中途回家》详细讲述了他是如何认为这次重返战场的经历可能会帮助他面对上次被派往阿富汗后持续不断的创伤后果的。然而，在这第二次进入伊拉克期间，里曼重返战争的熔炉，进一步加剧了他的孤立、沮丧和无力感。在纪录片中，有一个令人难以忘怀的时刻,他讲述了自己是如何将孩子和女友的照片从军营的墙壁上拿下来,装上子弹,把枪管放进嘴里,然后坐在床上,反复扣动保险开关的。虽然这不是他第一次考虑自杀,但对里曼来说却是一个转折点,他当时决定,自己不会被自己的无助感所压倒。当他还在服役的时候,他终于找到了长期的咨询和医疗帮助。从那以后,里曼成了一个公众人物,他公开表达了退伍军人的需求,尤其是在医疗和咨询方面的需求。

在许多人的眼中,里曼从军人角度的叙述可能会提供反对入伍的有力而具体的证据。在经历了同样战争创伤的条件下,其他士兵对入伍经历的诠释逐渐演变为抵抗阵地,甚至到了拒绝部署命令的地步。然而,尽管有负面经历,里曼却以一种截然不同的方式发生了变化,他选择了成为军队的典型代表。他呼应了布什的国情咨文,把他的军队工作经验描绘成一部典型的英雄战争故事,讲述的是男人之间的友爱和"无私的服务"。里曼告诉我,他积极地看待"军队在组织架构上为我个人做了什么,并向我展示了生活的方式——同时也向我展示了人生。……如果你能忘掉过去——这不是关乎你个人,而是你为你的国家服务,看着你左右的兄弟,和他们一起服务"。

然后他停顿了一下,直接对我说:"如果你有个儿子,他去参军了,我保证你会为你没参过军而觉得内疚。这就是我这样做的原因。我服役是因为我的孩子。我想说我服过役,所以如果他不想服,他就不服。或者,我去打这场仗,这样他就不用打了,他就安全了。……你穿着这身制服的时候真的很骄傲。"[11] 他还告诉我:"我身上发生了那么多的麻烦事,但我仍然热爱军队。所以如果这一切都能发生在我身上,我也能热爱军队,那就太棒了。我想改变人们的生活。陆军能做到这样。"然而,问题仍然是,应征入伍可能改变一个人的生活方式。如果《美国陆军》真的提供了关于美国陆军和战争劳工的"整本该死的书"(用沃丁斯基自己的话说),那么里曼关于他定义的真实英雄战斗之后令人不安的后果将是其中的一部分。

然而,事实并非如此,"真实英雄"和"真正的汤米·里曼"是两个截然不同的角色,对比起来,他们揭示了美国历史学家詹姆斯·洛文所描述的"英雄化"过程,将"血肉之躯变成了虔诚、完美的生物,没有冲突、痛苦、信誉或人类利益"。正是里曼强大的个人叙事中"血肉之躯"的人性特质在他真实英雄角色中被忽略了,他的角色变成了一个塑料美国大兵的人物形象,没有个性、伤害和缺陷。这部把一个真正的人改造成一个"有抱负的人物"的作品,与美国历史记忆中的其他"把英雄从戏剧化的男女角色还原到戏剧性的粗线条人物的趋势相呼应。他们内心的挣扎消失了"。这也是军事化的工作,因为真实英雄们高度照本宣科、半真半假的战争叙述掩盖并转移了人们对士兵及其家人、朋友和广大社区所遭受的创伤的关注。

虚幻之敌的形象提供了一种无所不在的可怕危险,真实英雄无私地与之斗争,并最终战胜他们。这种人为的框架重新定位了受伤士兵身体的无序性对军队合法性构成的威胁,并将真实英雄和《美国陆军》重塑为一个表面上安全的领域,可以用制度信息加以记录和编码。创建这类制度"安全域"是《美国陆军》及其特许产品招募目标的一个关键方面,也是在"虚拟陆军体验"和"陆军体验中心"等地培育的"软销售"氛围的核心要素,我将在下一章对这两项内容进行探讨。

注 释

1. 在这里，我借鉴了让·鲍德里亚关于超真实和"拟像的进动"的思想，在这种思想中，对事件的模拟先于事件本身，而且矛盾的是，它充当了造成事件的手段。
2. 在第一章里 PJ 的战斗经历发生在泽瓦尼亚。
3. "唯一的好泽瓦尼亚人是一个死了的泽瓦尼亚人"呼应了对美国印第安人的贬损言论，以及对日本人、越南人、朝鲜人和其他不同种族的士兵使用的其他非人化的种族辱骂，这些士兵曾一度是美国军队的敌人。"泽瓦尼亚人"后来成为美国陆军漫画小说系列中经常使用的一个词。
4. 斧头牌产品已经在以军事为主题的电子游戏中投放了广告，比如《细胞分裂：混沌理论》和《幽灵行动：尖峰战士》，再加上斧头牌自己的一系列基于浏览器的营销游戏，这些充斥着男性对异性恋幻想的游戏现在在网上已经没有了。在诸如除臭剂、电子游戏、军队等各种产品和行业之间，这种共生和网络化的关系通常不会被大多数人认识出来。然而，这个陆军预备役军官训练团的学员，他的想法是将斧头牌身体喷雾比作美国陆军发行的武器，他将这两种不同的东西联系在了一起。
5. 西蒙斯描绘了与卢茨所说不同的费耶特维尔和布拉格堡的画面，这完全是从特种部队士兵的观点出发，她与之一起进行了实地考察。她描述了对涉及"直接行动"（即战斗）任务的日益重视如何改变了有意加入特种部队的士兵的类型。西蒙斯哀叹，这种强调是以牺牲特种部队行动的其他三个领域为代价的，这些行动不涉及直接战斗，但却占了特种部队任务的绝大多数：非常规战争、外国内部防御和特种侦察。迭代的《美国陆军：特种部队》（2.0 版至 2.8.4 版）强调直接行动，并加强了这一趋势。
6. 在 2008 年 11 月的一次个人采访中，斯坦福电子游戏史学家和媒体收藏馆长亨利·洛伍德向我详细介绍了这一事件。
7. 请参见在本书开头的 PJ 介绍部分，了解在《美国陆军 3》游戏里作战拯救生命的机制是怎样运行的。
8. 成为一名真实英雄的一个主要要求是被授予奖章。每一个真实英雄都被授予一枚带有"V"字的铜星勋章，或者一枚银星勋章，或一枚杰出服务十字勋章。

9. 沃尔福德的个人简介和真实的英雄传记视频在笔者写作时更新于 http://www.liveleak.com/view?i=dea_1221257938，访问于 2015 年 11 月 16 日。
10. 关于此次演讲，参见 http://www.foxnews.com/story/2007/01/23/transcript-presidnt-bush-state-union-address/，访问于 2018 年 11 月 18 日。里曼也被授予了紫心勋章，这种勋章授予那些经历了战斗身体受伤的士兵。
11. 卢茨详细描述了士兵作为"超级公民"概念的问题式的重现和历史，他们的劳动享有比其他形式的工作更高的特权。

第四章

陆军体验的全频谱软推销

  有一个［电视］广告显示，一名海军陆战队员在没有装备的情况下爬上了一个疯狂的悬崖，然后他与一条龙搏斗，后来变成了一名手持利剑并集齐所有装备的海军军官。[1]现在，你告诉我，哪个是对军队更为准确的描述？是海军陆战队员与龙大战，还是一款真的尽了最大的努力来准确地描述战斗和军事生活的电子游戏？我不认为商业能非常准确地描述什么是一名海军陆战队员。我认为通过玩电子游戏来了解军营生活是什么样的也是一个遥不可及的想法；然而，话虽如此，我们的游戏确实真正地试图描绘军队的某些部分。所以我对此表示赞赏，我认为在某种程度上它更准确。但我也觉得有一定程度的谎言，你懂我的意思吗？

  ——马库斯，《美国陆军》研发人员，个人访谈在棕色、干旱的山区中，一个场景不断重复：视频新闻报道告诉我们，"恩拉德雷格市武装精良的种族灭绝派系包围了一群面临饥饿和袭击的人道主义援助人员和难民。这一敌对派别拒绝了一切通过谈判使救济物资安全通行的外交努力。作为国际救援工作的一部分，美国陆海空三军联合特遣部队奉命使用适当的武力抵达这个偏远的营地"。直升机俯冲，导弹飞掠，经过7分钟的激烈战斗，一支运送物资的车队抵达。无名的敌人被击败了。但是，就像时间被扭曲了一样，几分钟后，这一西西弗斯式的场景又开始了。

这种对抗虚幻之敌的一般性冲突是虚拟陆军体验中电影版场景行动的背景故事。虚拟陆军体验是美国陆军以一种全新的、积极的方式推销自身的一种发展，它对于美国陆军的招募工作有着无可置疑的帮助。这个移动任务模拟器从2007年到2010年在美国各地向公众开放，它向参与大型公共活动的个人展示了一个动态交战场景（见图9）。这些活动通常是由如陆军的"黄金骑士"、海军的"蓝色天使"和空军的"雷鸟"等著名军事表演团队参加的航空展。虚拟陆军体验还参加了全国运动汽车竞赛协会的比赛及展会、主题公园和其他节日庆典，但经济和人力资源分析办公室后来（分析）确认，全国运动汽车竞赛协会场馆由于购票参与的人士比较年长而且相对富裕，因此不是虚拟陆军体验招募目标的最佳场馆。

虚拟陆军体验活动的高峰出现在2007年和2008年巡回演出期间，当时每年至少有3个模拟器在全国巡回演出长达8个月。2008年经济危机爆发后，由于财政困难，征兵变得更加容易，军事预算也略有缩减，虚拟陆军体验在2010年缩减为一个月的巡回演出，最

图 9　印第安纳波利斯航展上虚拟陆军体验阿尔法的外观。作者拍摄

终永久关闭。尽管美国国会在 2010 年对陆军表示赞同,但这种情况还是发生了,国会建议陆军:

> 投资新技术方法以提高适龄青年对军队的认识和增长其对军队的知识。位于宾夕法尼亚州费城的陆军体验中心和它的可移动"助手"虚拟陆军体验就是例子,这些技术项目具有重塑招募技术,以及在更低成本的基础上进行招募操作的巨大潜力。委员会认为,如果陆军打算跟上吸引年轻人的主题并适应年轻人用来收集信息和社交互动的方法的社会变化,这种投资是必不可少的……委员会明白,在招聘相对容易的时期,对实

验项目的投资会受到更严格的审查。委员会敦促陆军继续使用这些工具,并投资于其他相关项目,以最大限度地发挥其即时价值,并更多地了解陆军如何进一步调整技术,利用信息时代的力量支持征兵任务。

虚拟陆军体验和陆军体验中心是洛杉矶的营销机构启动的两个项目,它们都是陆军为征兵"软销售"营销试验的先锋。[2](2009年,在网站上的一段信息简介中,"点燃"声称:"我们的业务是让我们的客户参与到文化对话和集体意识中来。")这种战术含蓄地挑战了传统的"硬推销"技巧,虽然在现实中,特别是在虚拟陆军体验中这两种技巧同时存在。这两种场所作为公开展示招募效果的地方,往往因为有周期性的抗议举行而引起相当大的国内关注和媒体报道。虽然我认为这些抗议者的声音应该被仔细考虑,但在这一章中,我也把我的注意力转向那些在虚拟陆军体验和陆军体验中心工作的人。我以征募新兵的名义审视他们对自己工作的看法。

本文特别关注那些在军事化游戏媒体生产环境中工作的人,将那些参与军事化媒体的生产和消费的人归纳为代理。在这样做的过程中,我试图避免将游戏玩家主体的唯一可能性定位为双重性,即要么是反对军事化游戏的"媒体活动家",要么是被动地相信游戏中所有军事化信息的"媒体受骗者"。这种做法源于我个人对军事化游戏的乐趣和对问题的理解,并反映出我发现了一种微妙和深思熟虑的批判性反思,这种反思已经出现在那些每天真正接触和制作这种媒体的人中间。

我将详述许多人通过他们的工作为大众文化的军事化做出的积极贡献。但是，民族志经验的复杂性使得我必须囊括我在研究过程中发现的发人深省而又模棱两可的声音。这些观点使常见的膝跳式"赞成或反对"政治心态变得更加复杂，在讨论征兵等两极分化的问题时，即使是深思熟虑的学者和其他个人也经常出现这种心态。甚至在陆军游戏项目组的员工中，对陆军游戏项目产品的意义也有着不同的个人和制度上的解释，他们不断地赋予游戏和特许经营与陆军官方信息不同但也并不一定矛盾的新含义。

航空展和州博览会

当俄罗斯军队攻入格鲁吉亚时正值 2008 年北京奥运会，虚拟陆军体验正在印第安纳州博览会和印第安纳波利斯航空展进行为期两周的巡游。我正在去亚特兰大的路上，在乘坐了一趟横跨整个国家的红眼航班后疲惫不堪，我勉强支撑着站在亚特兰大机场那里。国民警卫队的一名士兵一瘸一拐地走到队伍前面，每个人睡眼惺忪地盯着他的后脑。他穿着全套制服，肩上背着一包东西，戴着颈托，拄着拐杖走路。我想知道，是否像里曼的真实英雄背景故事一样，这名归国的受伤士兵是多媒体双面神当中的那个"黑脸"。

在印第安纳州博览会上，虚拟陆军体验坐落在通用汽车公司和土星公司的帐篷、一辆推广生物燃料的拖车，以及博览会的 4-H 大楼之间。它一半拖拉机拖车一半充气结构的实体外壳在展区大部分地方都能看到。建筑物后面的巨大风扇必须不停地吹，以免整个建筑倒塌。虚拟陆军体验有 4 种规模，每一种都按照陆军部队的建制命名：阿尔法（Alpha）、布拉沃（Bravo）、查理（Charlie）和德尔塔（Delta）。这些组合遍布全国各地，主要在人口较多的地区，如南部、中西部和西南部，这些地区是传统上招募军队的基地。阿尔法的配置容量是最大的（最多可容纳 40 人），德尔塔是最小的（一次只能容纳大约 5 人），但布拉沃和查理（每个可容纳 15 人至 20 人）是最经典的版本，每台都能容纳 3 个全尺寸的拖拉机拖车。阿尔法本质上是布拉沃和查理的组合，当这两种配置在印第安纳波利斯航空展这样的活动中结合在一起时，就形成了一个巨大的内部空间。

虚拟陆军体验的执行开发人员马克·龙[3]向我描述了这个多媒体体验机的内部，主要强调了数字和物理元素之间的功能集成。虚拟陆军体验的亮点是模拟悍马和黑鹰直升机，通过 180 度屏幕和黑鹰直升机的运动模拟，当爆炸发生时，动力锤震动悍马。气体作用加重了武器后坐力作用。所以你得到了这个动力学结合。你知道，当你真的试图控制武器的枪口上跳时，模拟射击可以让你更多地暂停你的怀疑。突然之间物理现实融合到虚拟环境中，把你带入进来，并创造出一种更大的存在感，这真的很酷。还有空气炮和音效等。他们有两个这样的系统，带去参加航空展和全国运动汽车竞赛协会，参观的青年男女可以填写电子邮件地址并试用，招募人员跟进看看他们是否有兴趣。你不会因为去过虚拟陆军体验就真的决定参军，但是你可以和你的朋友花 5 分钟左右的时间去尝试一些很酷的东西，你只需要填一下电子邮件地址而已，这似乎是一个挺公平的交易。

图 10 "虚拟陆军体验"外训练士官为正在排队等候的访客提供娱乐,挑战者穿上陆军的装备做俯卧撑。作者拍摄

在下面的叙述中，我描述了虚拟陆军体验的一段典型的经历，这是我在现场工作的过程中总结出来的。我通常每天都会看一两段虚拟陆军体验片段，在会场里待上几小时，与参与者交谈、采访、与员工和士兵交谈，他们都知道我是一名研究人员。

新闻稿和广告通常强调载有悍马的虚拟陆军体验的内部模拟，并将注意力放在体验的虚拟性，甚至声称虚拟陆军体验是陆军征兵的"试驾版"。例如，在阿尔法机型中，访问者能够获得"美国陆军的虚拟测试版"。9750平方英尺虚拟陆军体验的核心是《美国陆军》的电脑游戏，使用最先进的陆军训练模拟技术来创建一个真实大小、网络化的虚拟世界。虚拟陆军体验强调了士兵职业、陆军技术、操作环境和任务，将体验者沉浸在一个快节奏、行动牵引、信息量丰富的士兵世界里。参与者在参加虚拟的美国陆军任务时，需要进行团队合作、熟悉交战规则、具备领导能力和使用高科技设备。

事实上，大多数访问者在实际模拟之外花费了大量的时间。在外面等候的时间通常应为20分钟，但据报道最长可达4小时，而在虚拟陆军体验内的时间通常为30至40分钟。为了帮助参与者在等待过程中消磨时间，军队招募人员和操练教官站在周围，与人们谈谈陆军，或者向那些做了足够多俯卧撑的人分发陆军T恤、帽子和美国陆军Xbox电子游戏卡带（见图10）。

陆军赞助的顶级赛车队的一名代表也在现场，为任何想要和这辆车合影的人免费拍照。这对于那些不能进入虚拟陆军体验的孩子来说是个很好的替代选择，因为通告上注明能够参观的最低年龄是13岁。[4] 一旁播放的视频则在讲解注册、获取任务简报、进行模拟、回顾行动这4个步骤。虚拟陆军体验的视频预告片在拖车上方的大屏幕上重复播放。[5]

在炎热的室外等了一会儿之后,体验者们进入了有空调的登记大厅,几名当地的年轻姑娘站在柜台和电脑前迎接他们。她们问了每个人一系列的问题:"你有兴趣了解陆军吗?""你或你的家人曾经在陆军服役过吗?"她们还从体验者那里收集了更多的基本信息,比如地址、电话号码、电子邮件地址和受教育程度。她们为每位体验者拍了照片,并向每位体验者赠送了一张虚拟陆军体验身份证。这张身份证装在一个可以挂在脖子上的挂包里,里面装有一个射频识别传感器,可以追踪每个人在虚拟陆军体验里的活动。所有这些信息都是由分包商"鱼软件"整理的,目的是建立一个庞大的人口统计信息数据库,帮助人们了解虚拟陆军体验内部特定展示的有效性,以及国家场馆吸引大批潜在新兵的效率。信息也被传送到当地的征兵机构,我发现,我在印第安纳波利斯的注册中心如实地表示我"有兴趣更多地了解陆军"后,一位驻西雅图的征兵人员随后跟进,两天后突然给我打了电话。

当人们等待完成注册过程时,来访者可以在房间中央的电脑站上玩《美国陆军》来消磨时间。对于大多数人来说,这是他们第一次玩游戏,而大部分的时间体验者只是在学习控制器的基本界面操作。小组成员登记后,一名男子向小组介绍自己为主题专家(SME)。他邀请所有人站成一组,并解释了在虚拟陆军体验中模拟的武器系统,如黑鹰直升机和搭载着"乌鸦"(常见远程操作武器系统)的悍马,他们使用类似于电子游戏操纵杆的控制器接口。主题专家告诉他们，他曾在伊拉克服役，对"虚拟陆军体验"或陆军有任何疑问都可以随时问他。然后，他打开了通往虚拟陆军体验内部的一扇门，这是一个巨大的、黑暗的空间，里面摆满了真实大小的悍马和一架黑鹰直升机的模型。

人们在这些车辆里就座之前，主题专家让每个人观看了一段五分钟的视频，在视频中，这个现在被称为"班"的小组听取了即将到来的任务的简报。在这段视频中，一名上校和几名军官描述了恩拉德雷格市人道主义困境的情景（见第一节），他们使用官方的、晦涩的、难以理解的术语，同时通过语调和戏剧性的音乐表现了局势的紧张。在视频结束时，主题专家向班组成员展示了一张地区地图，上面有任务的关键地点。然后，他告诉人们如何识别平民，告诉每个人不要向他们开枪，并指示该班乘坐其中的一辆车。

与过山车或运动模拟不同，体验者对坐哪个座位或车辆最适合体验并没有达成一致。客观上讲，从黑鹰直升机上射击比坐在悍马上射击更加困难。有时，主题专家试图先消除大家对"黑鹰"的抱怨，他在行动前的简报中把这称为"挑战目标实验"。这种"你有没有这么棒？"的典型句式能够刺激年轻人坐进黑鹰模型中。重量合适带有真实感的枪被安装在车辆上（见图11）。而在悍马顶部的M249炮塔炮更受欢迎。然而，排了半个多小时队后，许多人选择坐在悍马上。我认为，这是虚拟陆军体验的一个小目的：向公众介绍陆军的技术和武器系统，这样体验者就可以更充分地决定乘坐哪一种交通工具、军用悍马上的哪一个座位更合适。虚拟士兵就在这些选择和必要决定的细节中形成了。

图 11 "虚拟陆军体验"上一辆真实大小的仿真悍马。作者拍摄

模拟开始后，队员们能够使用安装在车辆上的空气步枪进行射击。这时没有目标，每辆车前面的三个大屏幕上都出现了带有重金属音乐的蒙太奇场景。这个片段显示了导弹发射，陆军直升机开始向战场飞驰，以及（高跳低开的）空降兵跳伞。最后，蒙太奇场景变成了鸟瞰图，向下俯冲到班所在的位置，摄像机飞进了一辆虚拟的悍马车里，把每个人带到一个第一人称的视角，就好像他们从车里看到了行动一样。虽然没有真正的司机，但伴随着模拟运动的车辆发出的隆隆声，车辆开始在屏幕上移动。屏幕上显示平民正在逃离，尽管主题专家告诉游客不要朝他们开枪，但一些人（有时包括我）出于无聊通常还是会开枪。然而，这些虚拟平民并没有做出任

何反应,而是继续奔跑。如果体验者继续向平民开枪,主题专家就会威胁他们离开模拟体验。

不久,几个持枪的人跑了出来,蹲在路中间,开始朝车辆的方向开枪。班组成员迅速把他们赶了出去,稍后一辆敌人的吉普车开了过来。在开了几枪后,吉普车就爆炸了,悍马的座椅产生了震动。过了几分钟,人们开始意识到敌人所做的任何事情都不会伤害虚拟的自己——他们只是游戏中的旁观者,而不是游戏中的积极参与者。至少我的感觉是这样,我意识到我在玩一款不可能会输的游戏,我在与一个无论如何都会让我赢的、很容易就能被击败的敌人战斗。尽管如此,7分钟的目标练习很快就过去了,护送队过桥到达难民营完成了任务。一些小队成员,包括我在内,试图射杀难民和救援人员,但什么也没有发生,我们悲伤地意识到我们的武器不再有效。一位在科技新闻网站 CNET 上写博客的访客描述了类似的模拟体验:

> 在紧张但短暂的经历中,我玩得很开心。当我在大屏幕上向恐怖分子开枪时,那支枪和悍马车疯狂地摇晃着。不幸的是,它并没有真正呈现出大多数电子游戏所提供的风险水平。据我所知,在模拟中没有人死亡或受伤。当然,子弹会飞,炸弹会爆炸,但没有人会失去生命并不得不重生,也没有其他会在 FPS(第一人称射击游戏)或轻机枪游戏中出现的经典场面。这就像我在上帝模式下玩一个陆军任务。[6]

第四章 陆军体验的全频谱软推销

尽管一些人可能会觉得朝虚拟平民开枪的想法令人震惊，但我认为，大多数人这么做并非出于恶意，也不是受电子游戏"腐蚀"的影响。相反，向平民开枪，是为了测试在这个虚拟环境中可信度的极限，以反击并重释在虚拟陆军体验中如此根深蒂固、公然呈现的脚本化英雄叙事的小手段而已。向平民开枪是我在虚拟陆军体验里看到的最有力、最常见的顶撞权威的方式。平民——或说是玩家——无法死亡是令人失望的；这种逻辑贯穿了我在虚拟陆军体验期间经常听到的说法："这是一场在战争之外最接近现实的战斗。"[7] 反战组织"退伍军人争取和平"（Veterans for Peace）的成员约翰·格兰特将这种体验与经典电视真人秀《A小队》相提并论。在这一真人秀中，人们会去执行一些特殊任务，感觉就像"乓乓乓！嘣嘣嘣嘣！啾啾啾！"炸弹啊！枪啊！炮啊！子弹和人在飞。但是这些人甚至连个手指头都没伤着，最后他们还抽雪茄。每个人都很开心，他们身上一点伤都没有。他们还和以前一样帅。这正是问题所在——没有任何后果。

当模拟结束时，主题专家指示所有人离开虚拟陆军体验来到一个小帐篷，在那里他进行了一个事后回顾，在回顾中展示了他声称在游戏中拍摄的团队图像。这些形象从来没有改变过，主题专家回顾的实质也没有改变，他向队员们传达了这样一个信息：他们做得很好，但需要加强团队合作，在车上要多与其他成员交流。这时，主题专家让小组观看了另一个视频，这是一个关于美国陆军真实英雄的视频。[8] 在视频结束的时候，真实英雄真的走进了帐篷，告诉他们更多关于他在军队的经历，并向该组访客中最年轻的那位，或者是表示有兴趣加入陆军的那位游客派发了一个以他为原型的真实英雄兵人。然后，他可以给人签名或和对陆军感兴趣的人聊聊。主题专家要求人们把脖子上的挂包拿掉，但要保留虚拟陆军体验身份证。当游客归还挂包时，他们会得到一份附在虚拟陆军体验系带上的《美国陆军》电脑游戏。他们离开去了州博览会的其他地方，可能是去 4-H 大楼或附近的狗展。

尽管虚拟陆军体验的名称来源于虚拟现实技术，但考虑到访问者数量，虚拟这个词的另一种含义——潜力——也与此密切相关。虚拟陆军体验的访客是虚拟的士兵，一支尚未动员起来的部队，活动充当了实现这个具有潜力的劳动储备池的渠道。鱼软件公司负责收集参与者数据，并将其分发给招募办公室和经济和人力资源分析办公室等有关单位，该公司对虚拟陆军体验项目功能的描述非常直率："尽管虚拟陆军体验作为一个现实的战争模拟器非常引人注目，目的很明显——收集可操作的信息，使得陆军招募更有效。该经验的每一个方面都是为了传递关于陆军的积极信息，并收集可以利用的事件和信息。"

虚拟陆军体验的开发、构建、展示和活动后事宜，进一步涉及兼职、临时和全职劳动者。他们也是虚拟的军队，因为他们不是美国陆军的一部分，但作为所谓的军事-娱乐复合体的承包实体仍然履行了陆军的许多职能。这支虚拟军队由主题专家、技术人员、旅游公司主管、公共关系代表（全部为"点燃"公司的雇员）、年轻的女登记员和收银人员（通过当地模特机构临时雇用）、司机（业绩营销集团的雇员）、鱼软件公司的员工、军队赞助的顶级燃料赛车队，以及麦肯·埃里克森公司（负责"陆军更强"活动的营销机构）组成。除了这支虚拟的承包商大军，征兵的军队招募人员、真实英雄和教官都参与了虚拟陆军体验的媒体宣传活动。人们，主要是非军事或前军事承包商，他们是跟虚拟陆军体验一起巡演的员工，在谈论他们的工作时倾向于将他们的关系描述为并肩作战的同志——类似于《美国陆军》游戏研发人员说的（见第六章）。"你知道，"一位员工告诉我，"当你在路上的时候就像兄弟连，你正经历世界上最糟糕的事情。我的意思是，我们肯定不在伊拉克，但是事情会变糟的，不管怎样我们总会成功的。我喜欢这种同志情谊。"

这支虚拟军队的存在是为了支持持续不断的访客及偶尔的媒体或贵宾来访问虚拟陆军体验。虽然这种分类不可避免地落入了根据个人工作类型对其进行分类的陷阱，但在刚开始考虑诸如虚拟陆军体验这样的产品所涉及的各种活动、动机、兴趣、组织和后勤投入时仍然是有用的。退一步来说，地方层次的人员反映出了跟虚拟陆军体验有关联的更多层次的组织。僵尸工作室、美国加州陆军工作室、红石兵工厂与经济和人力资源分析办公室只是众多参与虚拟陆军体验制作和实施的复杂机构中最核心的组织。

将虚拟陆军体验还原为一种独特的体验，或对其所做或曾经做过的事情进行精辟描述是困难的；相反，它通过不同的渠道和媒介传播各种各样的信息，而不是像传统的宣传那样，仅仅是单向的信息传播。当然，每个参观者的体验是不同的，这取决于在场的个人、虚拟陆军体验展示的地点、大小和配置，以及无数其他因素。可以预见的是，陆军试图通过高度脚本化的方式构建体验，以向参与者，尤其是青少年传达陆军中可获得的工作机会的积极信息，从而限制访问者对体验的不同解读。陆军不仅通过多段视频做到了这一点，还利用了《美国陆军》、虚拟陆军体验、（通常）魅力十足的招募人员、教官、汤米·里曼等真实英雄，以及主题专家。虚拟陆军体验的一名制作人员布莱恩解释说，这种使军队人性化的努力是有意为之，因为：

> 陆军的传统媒体营销工作，总是表现得有点半途而废，而且非常愚蠢。你看［陆军投放的］电视广告，陆军真正大肆渲染的东西是"荣誉"和"责任"之类的东西，我认为那是失败的。那些广告只是图像和音频。在电视广告中，十有八九你看到的是演员，他们的表演非常不真诚，非常无趣，也非常没有吸引力。甚至在《美国陆军》中，你也可以进入虚拟招募中心，与（游戏中模拟的）真实英雄见面，了解他们的故事。他们是真实的人，但很多军队广告不是虚拟的，而是人工的。

真实英雄的脚本故事是《美国陆军》营销的核心，目的是让军队有一张人性化的面孔，并直接挑战荒谬而不切实际的广告导向，就像马库斯在本章的题词中描述的那样。然而，马库斯和布莱恩也明白，围绕着《美国陆军》与虚拟陆军体验和陆军体验中心等相关场所的解释性框架也得到了彻底的构建，因为他们参与了解释材料的制作。

虚拟陆军体验将真实英雄的真实呈现作为整个互动式经历最重要的时刻设置在参观接近尾声时（见图12）。作为被精心挑选的代

图12 真实英雄汤米·里曼和约翰·亚当斯正在《美国陆军》电子游戏免费版本上签名，然后送给要出门的访客。作者拍摄

表,真实英雄(有7名应征士兵或士官及两名现役军官)为未来的新兵提出了现实的职业目标,他们被描绘成普通士兵,通过在军队中的训练,能够完成英雄的壮举。正如一位真实英雄所说:"我们没有人想成为英雄,我们只是在做我们的工作。"另一个人说:"我不认为自己是英雄。我只是把自己看成汤米·里曼,在做我的工作。我认为每个人都有同样的品质,但他们必须将其挖掘出来。"[9]

主题专家也在虚拟陆军体验的陆军个性化方面发挥了重要作用,并在向访问者诠释虚拟陆军体验方面发挥了中心作用,以便使更多的人在离开时对陆军有更好的印象。一些主题专家会讲笑话,讲得尽可能更积极乐观,而另一些主题专家则会专注于描述自己在陆军服役时的经历和职业轨迹。例如,一名主题专家跟来访者讲述了他的部署和回国情况,但主要是告诉来访者他后来在陆军的支持下攻读了学士学位的经历。主题专家表示,他们的工作是"教育、推广和娱乐公众",他们将自己的工作概念化为表演者和教育者。一位主题专家告诉我:"我认为我两者皆有。"

> 因为我喜欢让人们微笑、玩得开心,因为这就是我的工作。这不是为了给人留下深刻印象或者让他们觉得自己在陆军里。我喜欢接待他们,因为军队没那么糟糕。很多人会说"哦,如果我参军,我就要挨枪子儿了"诸如此类的话,但这取决于你做什么工作。我试着教育人们,然后告诉他们,"不,你可以成为一名卫星技术人员,做三四年,退伍,用你的军事教育和经验一年赚十多万美元"。所以,就是教育他们。然后,

我可能会讲几个笑话……试着让他们开怀大笑,玩得开心。

主题专家都是退伍军人,许多主题专家在服役期间都是虚拟陆军体验的合同工。因此,主题专家本身模糊了军人和平民之间的界限,成为虚拟陆军体验工作中"软推销"最具代表的机制。主题专家作为合同工,既是应征入伍的军人,也是文职人员,将自己的劳动出卖给陆军,体现了后福特时代虚拟士兵的精神。布莱恩用他自己的方式向我解释了这个问题:

虚拟陆军体验想推出来的产品是什么?在某种程度上,你有的是我们发布的游戏,但最终,这一切都是关于招募的。但是产品是什么呢?真实英雄是精英中的精英;他们是最终的产品。但我认为,从更大的范围来看,你必须看看主题专家。我认为那些在军队里只是普通的人——有的参加过战斗,有的没有——我认为那些才是真正的产品。这些人实际上是军队的"产品"。

尽管虚拟陆军体验是一种营销手段,旨在推销加入美国陆军和在其服役的真实体验,但还有大量其他"产品"——无论是字面上的还是隐喻上的——塑造了参与者在虚拟陆军体验的经历。主题专家、军队招募人员和真实英雄(军队的所有"产品")帮助创建和维持了高度军事化、男性化和脚本化的体验,是访客可以在访问后带回家回味的。给予游客的物品(身份证、钥匙链、兵人、T恤衫、帽子和电子游戏）是其中一些可以带回家的产品，可以带回家的还有对体验的无形记忆。此外，符合适当人口结构并表示对陆军感兴趣的人回家后也还有可能会有当地的征兵者在不久的将来与他们联系。

正如在虚拟陆军体验展示的经过精心调整的军事故事和经验一样，这是一个精心执行说服技术的部署。陆军体验中心是虚拟陆军体验的固定展示地点，以无与伦比的方式将这些技术、叙述和模拟体验结合在一起，将军事化的娱乐、教育、商业和公共服务形式结合在一起——凭借美国陆军征兵的名义。

到购物中心和高中去

"点燃"公司执行并扩充了虚拟陆军体验的概念，它与五角大楼合作，[10]创建了陆军体验中心。该中心坐落在宾夕法尼亚州费城富兰克林米尔斯购物中心的顶端，周围环绕着一个室内滑板公园、一个电子游戏商场、一家中国餐馆、"香蕉共和国"服装店和"维多利亚的秘密"内衣店。虽然陆军体验中心并不是陆军游戏项目组的正式组成部分，因此也不受经济和人力资源分析办公室和沃丁斯基的监督，但由于陆军体验中心也是由"点燃"公司运行的，因此它与陆军游戏项目组有着许多正式和非正式的关系。同样是五角大楼监督的项目，同样使用《美国陆军》软件和相同的虚拟陆军体验悍马和黑鹰模拟器，陆军体验中心引起了更多的新闻报道，比如美国有线电视新闻网、美国国家广播电台晚间新闻、《纽约时报》，以及独立的媒体、维权组织和公共广播公司[11]。与我交谈过的"点燃"公司的公关代表对这种广泛的曝光普遍感到满意,他们声称"在过去两年里,我们保持了97%的正面或中立报道"。[12]

就像虚拟陆军体验和《美国陆军》一样,陆军体验中心的设计主要是为了吸引十几岁的男孩,但该中心也有一种氛围,旨在欢迎任何希望更多地了解军队或只是希望借购物、看电视或玩电子游戏来放松的人。文职人员和军队招募人员通常与访客保持礼貌的距离,除非访客主动接近他们。他们的着装很随意,卡其色的制服配上白色或黑色的马球衫或夹克,用颜色区分士兵和平民。正如陆军体验中心主任艾尔·弗拉德向我解释的那样,"我们在这里是为了让人们有空间以自己的方式了解军队"。中心有固定在天花板上的大屏幕电视,播放体育新闻频道和其他节目,在登记台后面摆放着一排排豪华的沙发和椅子。几个交互式信息亭提供了关于各种陆军军事职业专业(MOSES)、全球基地位置、士兵起薪,以及基于经验、教育和级别的薪资预测的额外信息。一小块区域陈列着可供购买的军用品。一边是一间经常使用的教室,透过透明的玻璃墙可以看到里面有大约40台电脑和座位,这教室被称为"战术行动中心"(Tactical Operations Center)。

更靠后的位置是4排座位,有60台台式电脑(见图13)和19台Xbox 360游戏机,靠墙摆放着豪华座椅。任何13岁以上的人都可以进来体验这些服务,条件是他们必须在登记处的数据库中输入个人联系信息,并提供年龄和身份证明。(娱乐软件分级委员会评分为"成熟"的游戏不允许17岁以下的玩家玩。这就排除了除《美国

图 13 "陆军体验中心"电脑里典型的游戏场景。有各种各样的游戏可供玩，包括最新版本的《美国陆军》《魔兽世界》和其他运动类、角色扮演类和第一人称射击游戏。照片由美国国防部提供

陆军》外的大多数第一人称射击游戏。）一旦访客注册，他们就会获得一张官方的陆军体验中心卡和号码，这使得个人信息能够被储存起来用于统计跟踪和人口统计分析。位于中部靠后位置的是与虚拟陆军体验里一样的阿帕奇直升机和悍马模拟器。通过巨大的玻璃墙可以看到，该中心的招募和管理办公室位于门后。

无论是比喻上还是字面上，"透明"的氛围在陆军体验中心都很重要。陆军体验中心努力营造出一种尽可能随意的氛围，内部和四面面对商场走廊的大玻璃窗，在视觉上代表了征兵工作的透明度。陆军体验中心或许是迄今为止最纯粹的征兵软推销。从 2008 年 8 月

到2010年7月,这个为期两年、耗资1300万美元的试点实验项目将费城地区的5个征兵站合并为1个。20名文职人员和22名现役征兵人员——由该中心五角大楼项目经理拉里·迪拉德少校从征兵学校亲自挑选出来——取代了40名正规的征兵人员。迪拉德告诉我,"这是征兵理念的全面转变",虽然五角大楼的人很快就意识到,该中心有可能彻底改变军队的征兵策略,但固守硬性推销和冷遇制度的招募人员往往不太愿意改变。

我被告知,将"陆军体验中心"设在费城地区的主要原因之一是,陆军人口统计研究表明,大约1/3的新兵来自现有军事基地方圆50海里范围内。再加上传统上从城市地区招募新兵的人数较少,所以将巴尔的摩、阿尔伯克基、弗雷斯诺、芝加哥和费城作为陆军体验中心可能考虑的地点。富兰克林米尔斯购物中心最终被选中的原因是其公共交通便利,以及顾客的种族和阶层多样性。"每个人都很有钱,都是预科生"之类的费城"普鲁士之王"购物中心(King of Prussia Mall)和其他"不太好"的购物中心都被排除在外。[13]

尽管从各方面来看,招募新兵都是陆军体验中心的最终目标,但作为试点项目,该中心将数据收集目标整合到市场研究中,此外还有一个总体目标,即将陆军重新定位为一个"社区建设"组织。陆军体验中心的代表经常不会提及或暗示其任务中的数据收集部分,尽管这可以说是陆军体验中心活动中最重要的部分,为未来类似的项目提供概念验证、测量和预算。除非申请人在注册过程中提供了明确的许可,否则个人资料不会用于与个人联络招募事宜。相反，我们收集了一些资料以绘制不同访客参观陆军体验中心的兴趣原因的人口学统计图。为了收集"可操作的信息"，每位登录电脑的访问者都必须完成一组由沃丁斯基编写的简单问题。这些信息被收集和分析，用于陆军体验中心的市场营销和活动策划，以及"更多地了解陆军如何使用技术以进一步利用信息时代的力量来支持招募任务"。如果软推销被证明是一种有效和可取的军事招募策略，这一数据库的目的是在未来设计永久性的美国陆军体验中心。

除了在全国范围内建立更多陆军体验中心的长期目标（尚未实现）之外，代表们最常提到的目标涉及"社区建设"。这也不仅仅是说说而已，而是一项新战略的核心组成部分，该战略旨在将美国陆军重塑为一种建设性的而非破坏性的社会力量，为个人和团体提供积极的"机会"。"点燃"公司的陆军体验中心主任艾尔·弗拉德解释了这个项目的双重招募和"社区建设"目标，他说："我们在这里的使命：首先是让本地区的人们了解他们的陆军，特别是现役陆军。同时也要提高他们对陆军中存在的机会的认识。职业机会、教育机会……如果人们走进这里，离开这里，即使没有别的东西，只要他们对陆军所做的事情、陆军中的人所做的事情及其牺牲有更好的了解，那么任务就算完成了。"

我在实地调研及后来持续关注该中心的电子邮件更新和在线业务的时候发现，陆军体验中心最引人注目的一个方面，是其定期举办组织良好的公共活动来吸引年轻人的能力和意愿。虽然其中一些事件带有明确的军事关联和主题，但许多跟军事并不相关。陆军体验中心赞助和制作的一些大型活动包括每月放映电影的电影之夜（例如，《黑鹰坠落》《暮光之城：新月》《阿凡达》）；职业运动员来访（如费城人队2008年世界职业棒球大赛冠军投手布拉德·里奇）；举办各种游戏（例如《使命召唤：世界大战》《光晕3：地狱伞兵》《麦登橄榄球10》）的常规电子游戏锦标赛；三对三篮球赛；一场圣诞节和一场"圣诞节在7月"慈善服装活动；一场试图打破全国同时跳"颤栗"人数最多纪录的万圣节舞会；赞助了费城学区的活动，如亚洲/太平洋岛民传统月高级领导论坛，2月"黑人历史月"和3月"妇女历史月"期间的类似活动。在陆军体验中心，除了（立体声式）典型的"硬推销"征兵努力之外，显然还有其他一些因素在起作用，这些努力通常涉及完成定额和填补基础训练的席位。比阿特丽斯·豪雷吉将社区建设项目和陆军体验中心等场所所做的演讲描述为陆军对士兵"适应"概念重点转移的表现。这种士兵适应性的伪整体模式超越了士兵自身，把士兵家庭和更广泛的社区作为陆军项目的主体。这些计划，特别是陆军体验中心和"全面士兵适应计划"（2009年开始），表达了陆军的愿望："想证明不仅通过士兵制造机器来创造高素质公民，而且恳求他们通过与社区直接和常规的互动来分享力量。"

在通过这种方式运作社区的过程中，陆军体验中心成功地与学校建立了伙伴关系，中心管理层积极努力促进与费城地区公立学校和教师的关系。"我们来这里已经够久了，高中现在会联系我们到这里来做课外参观。"弗拉德宣称。为学校活动预约陆军体验中心是一件很简单的事情，通过该中心的网站即可。由现场活动协调员安排一场包括免费往返陆军体验中心在内的活动策划是非常简单的事情。弗拉德向我解释：

> 这是长期与教育外联组织、社区外联组织建立合作关系的一部分尝试。我们还与一个独立的非营利组织合作——信不信由你——举办高中水平的烹饪艺术比赛，仅仅是为了展示参加［另外一种高中］项目的高中生。这让我们得以展示他们的成就，以及他们已经开始的、通向未来潜在职业生涯的道路。我们有机会邀请到一位美国陆军烹饪艺术团队的成员，说："嘿，你知道你可以成为军队中的大厨吗？""什么？太疯狂了！""不，并不疯狂！"我们军队里有真正的大厨，所以最终我们传达的信息是："嘿，高中生，你们做得很好——坚持下去。继续做你正在做的事。做出明智的人生决定。"

这种高中学生活动的背景框架将响应陆军征召作为最明智的人生决策，特别是对于大多数已经参加了陆军体验中心赞助的教育项目的贫困青年来说。它进一步强调了这种"人生机会"，并与另一个高中项目第四阶段学习中心合作，在陆军体验中心网络化的时尚的战术操作中心，每天都开设有高中课程。我在陆军体验中心的实地调研工作期间，大部分在工作时间来陆军体验中心的客人都是第四阶段的高中生，他们使用陆军提供的技术上课。第四阶段许多学生显现出不稳定，其资助者指出许多学生来自低收入家庭。[14] 鉴于陆军体验中心内第四阶段的这种嵌入性，计划服兵役的第四阶段毕业生比例高于平均水平10%也就不足为奇了。[15]

陆军体验中心结束了两年的运营后,其主管艾尔·弗拉德[16]也转型成为费城地区第四阶段的区域副总裁。鉴于这些和其他明确的军事联系,作为一种引导处于危险之中的青年参军的渠道,陆军体验中心和教育机构之间的伙伴关系非常明确。就像平民和士兵之间的区别在此被暂时淡化一样,陆军体验中心、学校和社区组织之间培养的体制关系使这些教育和军人经验领域之间的过渡变得很容易,几乎是平常之事。

陆军体验中心的教育伙伴关系,被称为个人事业走向乐观未来的"人生机会",但在其核心,陆军与社区之间的关系蓄意地利用了结构性不平等的阶级和种族系统,它向低收入有色族裔青年提供了一些除了服役之外的有吸引力的就业选择和进步的机会。在这个意义上,陆军体验中心是德勒兹控制社会的明显体现,在控制社会里"家庭、学校、军队、工厂不再是不同的类比空间"。军事主题的形成——军事化不再只发生在军事基地或在战场上(不管在哪儿),而是现在发生在跨制度以及在制度化程度稍低的场合,如州博览会、航空展、"颤栗"舞会和三对三篮球赛。艾尔·弗拉德告诉我,管理陆军体验中心"有点像自己经营第一家麦当劳,或者在第一家麦当劳工作。你知道这将是一件令人惊奇的事情,但你知道有些日子会非常艰难,而另一些日子则不然"。后来,在陆军体验中心为当地高中生举办了"亚洲/太平洋岛民传统月高级领导论坛"之后,我无意中听到弗拉德问一位征兵人员:"今天午餐怎么样?"招募人员回答说:"我们需要更多的火鸡,少一点火腿,不打包。"(见图14)

图14 费城富兰克林米尔斯购物中心里"陆军体验中心"的广告"咬一口"。作者拍摄

军事化是一个主体形成的过程，它不再是源于一个单一的军事国家权力，而是一个控制论的过程，它结合了军事主体的反馈。这意味着社区的参与是21世纪军事化进程的重要组成部分。这也意味着，即使是那些试图反对军事化倾向的人，有时也无法逃避其逻辑。

评论家和反对者

虚拟陆军体验和陆军体验中心都是吸引大量抗议者的避雷针式场所。强烈抗议的部分原因是由于战争在数字游戏环境中的表现被认为是微不足道的。在这些抗议活动中，"战争不是一场游戏"是经常被重复的一句话，这些抗议活动常常是由"退伍军人争取和平"组织和盟军反战团体成员充分参与（和组织）的。例如，"退伍军人争取和平"组织的一名代表在一份公开声明中宣布:"在屏幕上杀人,我认为这对年轻人没有好处。它歪曲了陆军今天所做的事情。"另一位代表补充说:"我们不想自己被认为是在批评陆军。我们中的许多人都曾经历过战斗,并被授予勋章。但是这个东西用暴力诱使年轻人对战争错误描述并乐此不疲"。这种强烈的反应与一系列问题密切相关,这些反应产生了一系列超出了"退伍军人争取和平"组织强烈反战立场的问题。部分原因是人们对电子游戏这一新兴媒体产生了深深的恐惧和误解,这种恐惧在历史上也曾伴随着电视和广播等其他新媒体的出现而出现。

在对陆军体验中心和虚拟陆军体验进行抗议的组织中,比如"退伍军人争取和平"组织,他们都用自己的军事化逻辑,将以前当兵的经历作为反战抗议的有效依据。[17]虚拟陆军体验雇员布莱恩认为抗议者的理由在一定程度上是虚伪的,并向我断言:

社会中很大一部分——特别是美国社会——是极其军事化的,但我们没有搞明白。你可以去看历史频道,你可能没有意识到,但那基本上都是战争。你可以写一整篇关于美国体育和军事化的论文,但出于某种原因[我们没有搞明白]。例如,虚拟陆军体验会去参加很多的航空展,对我来说,航空展一直都是军用的东西,在这里你展示了你的军事力量,你展示的这些机器基本上是用来杀人的。如果你想把它总结成这样的话,那就没什么问题了。但有趣的是,在每年的克利夫兰航展上,我们有一群抗议者[他们大多是退伍军人],是非常反虚拟陆军体验的。不过，他们真的很让人困惑，因为他们会说航空展只是"美国航空的庆祝活动"，但我们（在虚拟陆军体验）所做的一切，却表明了美国文化的军事化，以及美国如果像罗马那样堕落的话会有多糟糕。他们看不见这一点，就像森林里的树一样。美国在许多方面完全军事化，但大部分的西方文明也是如此。很容易找到像虚拟陆军体验这样的东西，然后对它指指点点，但这是一个比虚拟陆军体验更大的社会问题。……我认为对于这样的抗议者来说，去追求像这样的大事是很容易的——说这是个大恶而且会伤害到人们的大问题。

而布莱恩认为一些抗议者持双重立场，在某种意义上，虚拟陆军体验被单独挑出来是以牺牲对美国文化军事化的更广泛批评为代价的，其他的员工对有组织的抗议者表达了不同的声音和负面反应。"我听说过抗议者挑起的恐怖故事，"一位"虚拟陆军体验"的主题专家和前士兵告诉我，"但我真的希望我不必面对他们。我不会生他们的气，也不会做出反应。我会让媒体和他们打交道，但我不认为人们应该抗议（虚拟陆军体验）。"有人告诉我，反战抗议是不爱国的。值得注意的是，仅有现役或前士兵表明了这种极端的意识形态立场。其他主题专家则更为平易近人，并坚称问题的实质在于向访客提供适当的以陆军为中介的解读："抗议者认为，这种游戏是为了吸引孩子，让人觉得杀人很有魅力，但主题专家来这里是为了确保[虚拟陆军体验]不会被如此解读。"

没有军方背景的布莱恩向我解释说，这种解读正是他在高中第一次听说这款游戏时对《美国陆军》的想象。在他的脑海里，他看到"办公室里的人正疯狂地计划着如何招人到陆军"。"在与虚拟陆军体验合作了这么长时间之后，我认为根本不是这样。这是一种真诚的让人参军的努力。人们很容易以为这是奥威尔式的骗人参军的报复行为……根据我的经验，情况并非如此。"

这种认识，再加上布莱恩对诺姆·乔姆斯基关于媒体、宣传和政治的著作的兴趣，在他的工作中产生了许多"认知失调"。"你知道，"他告诉我，"我有一份在大学里经营了很长时间的极左报纸，我从来没有想过自己会以任何身份为军队工作，更别说以这种方式推销他了。"布莱恩坦率地讲述了他是如何做到的：

> 我在想乔姆斯基会怎么想虚拟陆军体验之类的东西。我认为，如果他坐在这里，他会说，我现在对它的反应正是它如此有效的原因——因为它不再困扰我了。这就是宣传真正起作用的地方。[虚拟陆军体验]是一种宣传，但那边（印第安纳州博览会虚拟陆军体验对面）的雪佛兰展也是一种宣传。在与纳粹主义联系起来之前，宣传曾经不是一个坏词。所以，宣传就是宣传，陆军就像这里的任何其他实体一样，是一个公司——这就是为什么它总是在这样的活动（州博览会）上出现。

布莱恩在这里将当代企业营销与军事营销相提并论，称这两种形式都是宣传。这凸显出企业、军队和其他机构部门之间的重叠似乎越来越大。布莱恩暗示，虽然如果宣传与陆军联系起来可能会有负面含义，但如果在商业环境中，仅仅使用类似的营销方法向消费者销售产品，也不是那么糟糕。布莱恩对在虚拟陆军体验和陆军体验中心等场所销售陆军品牌并不感到特别不安。他认为，"陆军品牌和其他任何实体一样，都是一家公司"。

尽管《美国陆军》、虚拟陆军体验和陆军体验中心的营销团队明确避免使用"宣传"和"招募工具"这样的措辞，但包括沃丁斯基本人在内的员工们都欣然承认，他们的产品可以被如此解释。一位《美国陆军》制作人向我承认，"一个人的'信息传递'，对另一个人当然是'宣传'"。然而，我谨慎地使用"宣传"一词，并在这里强调它，仅仅是因为它是陆军游戏项目组的雇员们就如何看待《美国陆军》及其特许产品所作的各种各样的本土化口语解释的一部分。有些人，如布莱恩，直截了当地认为，他们所做的在某种程度上是宣传的产物。

布莱恩对他自己在陆军游戏计划中的地位的反思是一个复杂的问题，这种反思性可能会被两极分化的新闻报道和学术批评所遗忘，这些报道和学术批评使军方与抗议者对立，而军事化进程则与对这些过程的批判性反思背道而驰。一名"点燃"公司的员工在为"陆军体验中心媒体拓展计划"进行的头脑风暴会议上发表评论称，"我们需要合作并征召反招募运动成为我们运动的一部分"，这表明批判的反思没有被直接地反对，比如布莱恩所展示的，它们反而可能正是软销售的目标。

基于这个原因，我认为虚拟陆军体验和陆军体验中心对抗议者的解读是合理的担忧，而这些担忧由于他们一贯诋毁电子游戏作为一种媒介而变得模糊不清。约翰·格兰特是一名越战老兵、记者和反对陆军体验中心的活动人士,当我在费城见到他时,他说:"很多人在运动中说,'哦,我们要去陆军体验中心,我们要把它关闭,关闭!'嗯,我更现实一些。这是一场不对称的战争。我认为我们不会关闭它,至少今天不会。"格兰特认为,陆军体验中心是一个更阴险的场所,更该被抗议,不是因为它使用了数字游戏,而是因为它"逐步升级",在企业品牌方面"达到了另一个水平"。和布莱恩一样,他也将陆军体验中心和虚拟陆军体验的市场营销等同于产品的商业销售(也就是军队征募)。然而,与布莱恩不同的是,他对此尤为不安:"这是品牌销售;这是迪斯尼。他以军队品牌的形式兜售军国主义,军国主义的神话,军国主义的全部动力。这不仅仅是陆军的招募。你知道,他们在商场里,就在'维多利亚的秘密'旁边。这是文化的一部分。你把它和娱乐联系起来,它就变成了别的东西。"

尽管《美国陆军》以往一直通过电视广告和招募活动向潜在的新兵宣传自己的品牌,但对格兰特来说,军方与陆军体验中心中明显体现出的企业"以社区为导向"品牌的结合,是一种新出现的、令人担忧的东西。陆军正在超越其制度上划定的边界,在控制社会中变得更加不稳定和漏洞百出。格兰特清楚对替代信息格式的迫切需要,并向我讲述了他的想法,即在陆军体验中心旁边建立一个叫作"和平体验中心"(Peace Experience Center)的地方。他的想法与汤米·里曼早些时候对我讲述的真实经历惊人地相似,这或许反映了他自己作为一名归国军人在越战后的一些经历:

约翰·格兰特："我［有个主意］玩的游戏是患有创伤后压力心理障碍症伊拉克老兵生活中的一天。他要去上学，一个警察给了他一张罚单，因为他的车辆检查过期了——塞缪尔·贝克特称之为'生命中的跳蚤'，这是每个人都要经历的。这个游戏主要讲述的是一个可怜的孩子，他被送往伊拉克或阿富汗，经历了这些可怕的事情。我们知道创伤后压力心理障碍症及其反复的整个过程。他回家后的一天是什么感觉？电子游戏就最好了……这个游戏的可能性是无穷的，你可以教育一个孩子现实是什么样的。"

罗伯森·艾伦："实际上陆军正在制作创伤后应激障碍游戏来帮助患者康复。"

约翰·格兰特："是吗？有趣。为什么不呢？这就像他们在伊拉克和其他地方的心理医生——这是好事，我并不是说这是坏事——但他们就像福特工厂或其他地方的工业化心理学家。关键是让你回到正轨上……而不是去解决你真正遇到的问题，这是你在这条该死的生产线上的一部分。"

格兰特的评论以辛辣讽刺的口吻写出了游戏和模拟训练现在是如何作为一种积极的角色参与到士兵的招募、训练和康复中的，并且作为构成后福特战争劳动力的关键元素出现在士兵生命周期的各个层面。我的实地调查也显示，出于军事招募目的，电子游戏技术部署并非没有讽刺感，比如我亲眼看见了军队招募人员鼓励青少年坐在虚拟陆军体验一辆悍马车后面，用 Xbox 360 玩《吉他英雄》中

"暴力反抗体制乐队"的歌《以杀为名》。[18] 这首歌的结束语（"去你的，我不会照你说的去做！"）是该乐队主唱扎克对制度化国家权力和暴力情感有力的反驳。事实上，许多电子游戏产业的蓬勃发展，得益于讽刺的商品化，这是一种新的软销售策略。如果说有什么不同的话，那就是这些时刻表明，军方对游戏的占有将成为一种纽带，让人们继续就战争的消耗、战争劳动力的招募，以及数字技术在"虚拟士兵永久化"中所扮演的角色等问题进行探讨。

注　释

1. 马库斯正在将两个单独的海军陆战队广告合并在一起，其中一个是关于一个男人正在攀爬悬崖（https://www.youtube.com/watch?v=XSBnJ7H-CAc，访问于 2015 年 12 月 6 日）；另一个是与一条龙在搏斗（https://www.youtube.com/watch?v=62tnJtLBQzQ，访问于 2015 年 12 月 6 日）。

2. "陆军体验中心"并不是陆军游戏项目组的正式组成部分，而是由五角大楼管理的。"虚拟陆军体验"由经济和人力资源分析办公室及软件工程理事会在亚拉巴马州共同管理。"点燃"公司负责这二者的概念和植入，而《美国陆军》则是这二者的核心游戏软件。

3. 在接受采访时，马克·龙是西雅图"僵尸工作室"的联合首席执行官，美国加州《美国陆军》游戏开发团队"虚拟陆军体验"的承包软件开发商之一。

4. 见我的第二章采访，汀斯基对娱乐软件分级委员会评级和《美国陆军》产品的评论。"虚拟陆军体验"的年龄是否合适的问题在其存在的整个过程中一直是一个争议性的问题，并在几个场合达到了顶峰。

5. 关于虚拟陆军体验最典型的预告片，请参见 https://www.youtube.com/watch?v=JU19Bsw-rss#t=21，访问于 2015 年 11 月 18 日。

6. 在游戏术语中，"重生"指的是玩家的化身在失败后重生的游戏惯例；"上帝模式"指的是电子游戏中玩家的化身不会受到伤害的状态。

7. 个人现场调研笔记。《美国陆军》游戏研发人员也对他们在迷你基础战斗训练方面的经历提出了类似的要求。

8. 关于虚拟陆军体验中播放的真实英雄视频的代表性例子参见 https://www.youtube.com/watch?v=2ivHf5OwmGA#t=14，访问于 2014 年 7 月 21 日。

9. 关于里曼的真实英雄视频，请参见 https://www.youtube.com/watch?v=30rVaa4VdRY，访问于 2014 年 7 月 23 日。

10. "陆军体验中心"是由陆军办公室的首席营销干事运行的，该办公室由陆军助理秘书长（人力和后备事务）办公室、营销和招募司组织。

11. 例如，见卡罗尔，2009（美国有线电视新闻网视频报道）；利兰，2009（《纽约时报》文章）；威廉姆斯，2009（美国国家广播电台晚间新闻报道）；丹弗，2008（自由言论电台新闻）。

12. 艾米·林德斯特罗姆,"点燃"公司公关代表,个人采访。
13. 拉里·迪拉德少校,个人采访;艾尔·弗拉德,个人采访。
14. 第四阶段资助组织亨氏基金会充满困惑地写道:"第四阶段学生中有55%来自学区,那里有超过41%的学生来自低收入家庭。"参见 http://www.heinz.org/Interior.aspx?id=417&view=entry&eid=566,访问于2014年7月28日。
15. 参见 http://www.heinz.org/Interior.aspx?id=417&view=entry&eid=566,访问于2014年7月28日。
16. 弗拉德还是一名职业军官,曾担任直升机飞行员、将军助理和后备军官训练队教练。大约在陆军体验中心永久关闭的同时,凯西·沃丁斯基也从军队退役,并于2010年6月成为亚拉巴马州亨茨维尔市学校的校长。
17. 这与恩洛所描述的其他活动分子运动的军事化相类似。
18. 《以杀为名》也被军方用作关塔那摩监狱一些被拘留者实施酷刑的音响工具。不定期地以高音量播放音乐是一种与音乐本身的所有信息背道而驰的做法,它展示了任何物质或非物质的东西是如何被军事化的。这种做法,"暴力反抗机器"的吉他手汤姆·莫雷洛说:"事实上,我参与创作的音乐被用于危害人类的罪行,这令我感到恶心。"

第五章

军事－娱乐复合体的复杂化

新美利坚帝国的理论家们并没有把注意力集中在产生其军事力量机构的两个重要方面：多样性和复杂性，以及他们在执行任务时的难以胜任和不足……尽管人们认为军队是统一的，但它的项目经常是和国家其他武器的项目一样是多元的、政治的和有争议的。

——凯瑟琳·卢茨，《细节中的帝国》

我有个理论：你给我一个功能性家庭，我给你一个很会藏东西的家庭。

——埃里希·伊万斯，前《美国陆军》制作人，个人访谈

故事起源

在陆军体验中心所在地的美国另一端,在我对各种与陆军游戏项目相关组织的访问之旅中,我发现自己被几个刚刚认识的男子包围着,坐在洛杉矶的一个长会议桌前主导一个讨论。这几个男子是在陆军体验中心和虚拟陆军体验中起核心作用的人。他们都是《美国陆军》营销机构"点燃"公司的雇员。"我肯定你听说过沃丁斯基上校的故事,"有人告诉我,"他看到他的儿子们在玩电子游戏,认为这是一个可以和美国年轻人交谈的更好的渠道。于是,他去了很多地方,为这个项目争取到了资金,并最终获得了创作游戏的资金,这款游戏于2002年在电子娱乐博览会上首次亮相。那是一次非凡的成功,每个人都认为,因为它来自陆军,所以它会很便宜。"就像雅典娜是从宙斯的头上跳出来的一样,《美国陆军》在这个起源故事中得到了包装和充分发展,这是一个杰出个人的产物,通过他的创新和不屈不挠的决心,他独自构思并通过纯粹的精神意志做出了突破性产品。

这个故事经常以多个版本重复,因为该项目的传说以口头和文字形式在多个机构、个人和文学渠道中扩散开来。例如,罗杰·斯塔尔写道:"《美国陆军》是凯西·沃丁斯基上校的创意……他在1999年酝酿了这一想法,那一年陆军的征兵情况很不好。沃丁斯基既认识到电子游戏在他儿子们生活中的重要性,也认识到有必要为技术高超的新兵开拓市场。"李战和蒂姆·雷诺阿也分别称《美国陆军》为沃丁斯基的"智慧结晶"。该游戏的前艺术总监和执行制作人

第五章 军事－娱乐复合体的复杂化

菲利普·博桑特指出,"沃丁斯基上校认识到并有了自己的顿悟:吸引年轻人意味着你必须以他们熟悉的方式来吸引他们"。希瑟·卓别林和亚伦·鲁比同样写道:"1999年……沃丁斯基上校顿悟了。"陆军游戏项目分包商"僵尸工作室"的前首席执行官马克·龙称沃丁斯基"在五角大楼是个真正的特立独行者。他是个创新者,也是个经济学家,所以他有……很强的操作敏感性,同时又具备很强的实用性。当他第一次提议陆军从他们庞大的招募预算中拿出一小部分制作一个电子游戏的时候,我敢肯定那就像是——你是疯了吗?但事实证明,这是他们花得最漂亮的钱。沃丁斯基使陆军对新兵来说更有针对性、更现代化"。

虽然这些说法无疑是真实的,但它们过于强调了个人的影响力和权力,而牺牲了历史观点和为陆军游戏项目组做出贡献的其他实体和个人。他们暗示,《美国陆军》是没有先例的,突然就开始了。虽然沃丁斯基无疑是促成《美国陆军》特许经营的最具影响力的人物之一,他在设想一项产品并带领其完成和发展方面值得称道,但沃丁斯基只是陆军游戏项目组中的个体代表而已。也许没有沃丁斯基的参与,这个项目不可能像现在那样展开,但军事和游戏之间的联系在20世纪90年代末美国不断演变的军事文化环境中是合乎逻辑的,而且在许多方面已经建立起来了。《美国陆军》是战争游戏悠久历史的一部分,其开端甚至可以追溯到几百年前。

上述关于沃丁斯基和《美国陆军》的重复又雷同的声明指出,这一战争游戏史是如何通过各种学术和新闻来源被彻底追踪和标准化的,以至于可以被称为战争游戏的典型历史,该历史充满了强制性的道听途说,通过对过去30多年中一系列技术、制度和产品的详细描述突出了这一历史。[1]就像《美国陆军》的故事起源一样,它倾向于复制一个确定性历史进程的故事,以至于不管作者是谁,战争游戏的历史在所有这些文本中读起来几乎一样。(用第一人称射击游戏行话来说,这种历史就是"在轨道上")这种历史提法是有问题的,因为它消除了所有人际关系和组织中存在的偶然性,而倾向于将历史描述为主要由新技术决定。在这种确定性的历史中,制度被描述为是个人、组织、技术和协议之间平滑"网络"的一部分,以协调而富有逻辑性的方式前进。个人在公司和组织之间无缝地工作、握手和交易,新技术才刚刚实现。

由于军事智库理论家约翰·阿奎拉和大卫·朗费尔特的工作,这个用来解释社会和制度关系的"网络"比喻在过去十年中在军事界获得了显著的影响力。阿奎拉和朗费尔特推广了这样一种观点:美军需要更像网络一样运行,有可替换的、冗余的部件,而不是像现在那样的分层结构的组织。为了有效打击恐怖组织网络,该想法是这样的:传统的军事也必须像网络一样运行,该网络有独立运行的组件,这些组件——或"群"——必要时在一起作为一个统一的整体合作,但很快又会分散为难以捉摸的、无法辨认的单元。从那以后,美国军方开始接受"网络战"理论的原则,并将其应用于一系列战略、组织和理论程序,以及网络战行动。

批判学者们也借鉴了网络的概念,将网络作为一种新的商业模式、政治模式、权力结构,以及针对这些权力结构而形成的新兴政治运动的理论。迈克尔·哈尔特和安东尼奥·内格里在他们奠基性的著作《帝国》(*Empire*)中,将这种新的网络模型描述为"通向信息经济的通道,(在这种通道中)流水线已被网络取代,成为生产的组织模型……因此,生产站点可以被非领域化,并趋向于虚拟存在,就像通信网络中的坐标一样。相对于过去的垂直工业和企业模式,现在的生产倾向于在水平网络企业中组织"。这样的网络,理论上是无缝的、虚拟的,并且由致力于共同目标的自治节点组成。这样一个纯粹的网络对危机做出反应,并将任何试图伤害它的东西纳入其系统。

网络概念之所以重要,是因为它构建了学术著作描述军事-娱乐复合体和经典战争游戏历史的方式。这包括学术和大众对《美国陆军》的描述,《美国陆军》的发展是美国乃至全球娱乐和军事部门关系史上的一个分水岭。虽然阿奎拉和朗费尔特自己也很谨慎地考虑网络的偶然性,但他们的隐喻促成了文学中关于军事和娱乐之间联系的确定性自上而下解释的流行。这种理想化的网络模型是有实用价值的,但它有可能掩盖实际的现有网络,比如陆军游戏项目组,他们的组织更混乱,也更容易失败。

以下是试图重新捋顺一些混乱和历史突发事件的一次尝试,这些混乱和历史突发事件常常在战争游戏的典型历史中丢失,这些历史依赖于"网络"和"军事-娱乐复合体"的语言作为复杂关系的简称。我引用了10到15名(大多是匿名的)游戏研发人员的口头和书面叙述、主要和次要文本来源,以及我自己的民族志经验。[2] 像所有的商业活动一样,《美国陆军》一直是一个在很大程度上取决于组成它的个人和机构的项目。在其历史上的多个阶段，该项目在个人竞争和制度政治的重压下几乎难以从自爆中幸存下来，而且该项目的可行性也受到了很大的质疑。《美国陆军》并不是从一开始就确信能获得成功并取得长达十多年的特许经营权，甚至出版的。

战争游戏简史

　　战争游戏和模拟并不是一种新现象，它们的现代起源至少可以追溯到19世纪早期。围棋和国际象棋是战争的抽象表现形式，传统上它们在战斗可视化方面的效力被赋予了轶事权威，但现代战争游戏的起源是兵棋游戏，其目的是训练军官将战斗想象成由复杂但可管理的单元组成。兵棋游戏是在拿破仑取得军事优势但最终战败后由一位普鲁士军官发明的，它在19世纪中期作为一种休闲活动和理解战争的军事方法启发了德国公众的想象力，从而广受欢迎。这种对战斗和伤亡的数学模拟在游戏中消除了现实战争中常见的许多意外事件，将战争简化为马尔萨斯的"成本-收益分析"演算。它被证明是一种有效的训练模式，类似的战争游戏实践为其他西欧国家和美国的战争战略和理论提供了借鉴。

　　由兵棋游戏所引入的这种战争游戏的应用和改进一直持续到20世纪，并影响了美国军方和其他欧洲国家，影响了军队对军官的战争战略的设想、计划和教育方式。非军事人员继续将战争游戏作为一种娱乐形式。赫伯特·乔治·威尔斯的书《小战争：一个从12岁到 150 岁的男孩子，以及那些喜欢男孩子游戏和书籍的更聪明女孩子的游戏》（1913）本质上是一组士兵游戏玩具的规则，反映出持续到现在的战争游戏中深深的男性力和根植的性别歧视。

在 20 世纪 50 年代和 60 年代，如查尔斯·罗伯茨和詹姆斯·邓尼根等战棋游戏设计者，在这些零星的战争游戏迭代基础上开发出了一个完整而成熟的商业战争游戏类型，这使得游戏类型自 20 世纪 80 年代早期从棋盘游戏过渡到计算机游戏。直到家庭电脑商品化之前，战争游戏娱乐主要局限于一小群爱好者，但当 1961 年艾森豪威尔发表演说时（见第一章），军事战争游戏已经迁移到美国军方资助的研究实验室中巨大而昂贵的电脑上了。

电子游戏作为计算机媒介，起源于军事领域。大多数电子游戏历史学家可以把该媒介的历史追溯到 20 世纪 50 年代末 60 年代初的布鲁克海文国家实验室、麻省理工学院和斯坦福大学的国防研究项目。直到 20 世纪 70 年代，随着传说中的《乓》（游戏）和 FC 游戏系统的出现，商业产业才开始成长。20 世纪 70 年代和 80 年代初是电子游戏的"黄金时代"，在此期间雅达利占主导地位——紧随其后的是 1983 年北美的游戏产业戏剧性崩溃，这为日本公司提供了通过任天堂和世嘉进入该产业的机会。在 20 世纪 90 年代之前，商业电子游戏产业和美国军方之间的互动程度一直很低。

在早期商业电子游戏行业的起伏中，美国军方开始更经常地通过模拟来训练特殊的军事角色技能，例如驾驶独特的飞机。"模拟网络"是美国军方在 20 世纪 80 年代中期开发的价值 1.4 亿美元的分布式模拟器联网项目，在 20 世纪 80 年代后期已经投入使用，这个项目是一个分水岭，它能够在模拟部队行动和战斗的庞大虚拟环境下，在战区级作战行动中建立大量作战单位的网络。马克·龙曾参与过《美国陆军》的制作，他讲述了对"模拟网络"的认识和经历，以及那使他产生了研发电子游戏和虚拟现实技术的愿望。"模拟网络，"他对我说，"实际上是我在1988年少校退役后进入电子游戏产业的原因。"

1985—1987年，模拟器才成为价值数百万美元的设备，但它是一类只有少数公司制造的产品。而且它们只对飞行员这样的人非常有用，因为它们有非常精细的技能。你不能真的在飞机上练习撞机或弹射——你需要一个模拟器才能做到这一点。但是，随着模拟技术变得越来越便宜，DARPA（国防高级研究计划局）的一位上校认为可以将模拟器联网，而且这些模拟器不仅仅对开飞机的人有价值，对驾驶坦克的人来说也是一样的……这个系统的真正价值在于它产生了协作——它不是关于图形的质量或者学习如何使用模拟器，因为他们有更好的模拟器来做那些。这更多的是团队和坦克内部乘员之间的交流……就像《美国陆军》一样，他们开始增加其他系统……早在1990年，你就可以在海军模拟器上驾驶飞机离开模拟的飞机甲板，降落在部队加油点。他们创造了巨大的互操作性。然后海湾战争就发生了。这一点并不广为人知，但许多装甲军官将他们在战场上表现出的令人难以置信的能力归因于他们一遍又一遍的模拟。事实上，他们把"模拟网络"模拟器带到了科威特，这些人建立了一个真实的沙漠数据库，并以这种方式进行训练。在那一刻，我想陆军意识到他们拥有一项战略技术，这给了我们巨大的优势。在 20 世纪 90 年代初期，模拟技术有了很大的发展。

马克·龙本人经历过 20 世纪八九十年代军事模拟的初增长阶段，他在普林斯顿大学和华盛顿大学研究虚拟现实技术，完成《美国陆军》和其他项目的军事承包工作，并与孩之宝签订了一份价值 5200 万美元的合同，用以开发一种从未投放到市场的头戴式设备。

1993 年发行的热门第一人称射击游戏《毁灭战士》定义了这一类型，它的发布是军事游戏和商业游戏之间偶然联系的关键时刻。由约瑟夫·利伯曼和赫伯·科尔发起的美国参议院关于电子游戏暴力的听证会，关注的是当时游戏中被视为用图像表现的暴力。现在大多数玩家都会认为所谓游戏中的暴力只是些不切实际的卡通化，当时这也并没有困扰美国海军陆战队，他们在 1997 年使用他们自己特别修改版的《毁灭战士 2》来创建一种非官方的战斗模拟器——"陆战队终结日"。通过更为制度化的安排，商业电子游戏产业和军事模拟之间的共生关系在整个 20 世纪 90 年代和接下来的十年里变得更加充分，私营部门推动了低成本的技术创新。象征这种关系的最具代表性（和最受推崇）的机构是"创意技术研究所"，它是军官战斗训练模拟器"全频谱勇士"及其商业衍生产品 Xbox 版本及其续集的设计者。创意技术研究所是南加州大学的一个研究机构，利用学界、军方、好莱坞和游戏行业的专业知识，开发各种实验性技术用于"文化意识"下的士兵训练和创伤后应激障碍康复等研究项目。[3]

《美国陆军》及国防部与电子游戏娱乐产业之间的多个合作场所的基础，都建立在20世纪90年代新兴的军事-娱乐复合体这一更广泛的背景上。1997年，美国国家研究委员会计算机科学和电信委员会发表了一份题为《建模和仿真：连接娱乐和国防》的报告，该报告为这种关系规范了结构，以前这种关系是由特定军事实体和商业实体之间相对短期的联系构成的。这份出版物详细介绍了国防部未来的模拟需求，并确定了娱乐行业可以对这些需求的发展做出贡献的方式。这份报告认为游戏和模拟是重要的，因为它们的成本相对较低，能够同时处理多用户的联合训练演习，以及它们在开发新战术和武器系统方面具有巨大的潜力。

在1997年的《建模和仿真》报告中设想的关于娱乐和国防合同行业之间的、不断增加的联系很大程度上已经发生了——也许部分是作为一个自我实现的预言。《建模和仿真》报告中所描述的长期计划阐明了开发新技术的军事需求：

1. 通过讲故事的方式和选择性地使用感官细节（视觉、声音、气味等）增加在模拟环境中的沉浸感；

2. 为连接数千台计算机的高速网络提供潜力；

3. 实施互操作性标准，使不同的软件和硬件程序能够相互协作，并绕过媒体行业常见的专有限制；

4. 在模拟中促进计算机生成资产的快速生产和重用，同时开发可通过经验学习的人工智能；

5. 提供软件和硬件工具，使模拟环境本身易于生产。

其中一些要求取得了比其他要求更大的成功。例如，高速网络的潜力不再是一个主要问题，因为互联网分配的带宽越来越多，但从实现可信的人工智能到大规模的训练模拟仍然是一个困难的问题，不过这也并非不可克服。

《建模和仿真》报告花费了大量时间阐述为什么要克服商业娱乐业和军方之间的"文化障碍"（商业实践上的差异）；这一关注也在同一时代的其他文本中有所体现，例如记者 J. C. 赫兹和军事模拟专家迈克尔·马其顿合著的文章。这些差异中有许多涉及生产计划（这在军事合同中通常要更长的时间）、商业模式和盈利结构、长期研究目标和知识产权等问题。报告中强调的一个关键的"文化障碍"是军事和娱乐模拟之间的"明显不同的目标"："在娱乐方面，主导因素是兴奋感和趣味感……假设的危险情况、夸张的危险环境，以及多重生命和英雄行为，为了增加兴奋度这些都是可以接受的，甚至是可取的。另一方面，防御模拟压倒性地强调现实环境和交战情况。这些相互作用在性质上是严重的。"在这篇报告发表 5 年后，作为严肃游戏运动中的分水岭游戏，《美国陆军》可以说改变了这种有趣和严肃之间的鲜明区别，并证明了一款军事软件可以两者兼而有之。

《建模和仿真》报告发表的直接结果是，这些重大的"文化障碍"和国防模拟业与商业电子游戏业之间的差异通过诸如创意技术研究所等实体将关系制度化，所以在某些情况下差异变得不那么明显了。"文化障碍"的论述贯穿于《美国陆军》，这是一种固有解释，即军事人员和研发人员都提供了陆军游戏项目组机构之间工作冲突的原因。这种解释指出了前几章所概述的更大的问题，即军事工作将认同感纳入其领域。虽然这可以说是一种过于简单化的理解，但它强调了理论上的军事-娱乐复合体的不同要素如何看待彼此之间的关系——不是作为一个统一的整体，而是一个由不同文化领域构成的整体。

军事游戏的进化

国家研究理事会的模型和模拟委员会发表了报告《模型和模拟》(1997)，该委员会由迈克·芝达担任主席，该报告的完成得益于他。该报告建议娱乐和国防工业在学术上进行合作，在此背景下，芝达（当时他是加利福尼亚州蒙特利海军研究生院的教授）起草了一份提案，提议创建创意技术研究所来解决这些建议。这项提案最初于1999年获得4500万美元捐款，后于2004年增长至1亿美元，这是南加州大学有史以来收到的最大一笔研究赠款。作为一家资金充足、地位稳固的机构，创意技术研究所继续制作了"全频谱战士"这样的游戏，在最初的非商业项目中，该游戏的主角是一名模拟军官训练师。然而，芝达在创意技术研究所获得资金后没有被聘为主任，他认为自己遭到了背叛并对此感到不满，于是在2000年于海军研究生院创办了自己的研究机构，名为"移动（建模、虚拟环境和仿真）研究所"。[4]

这些事件发生在沃丁斯基口中的军队征兵实践出现"顿悟"的同一时期，当时他正在积极寻找开发电子游戏项目的可行地点。经过讨论，沃丁斯基和芝达同意，陆军游戏项目组适用于移动研究所和海军研究生院，海军研究生院是一个研究机构，主要是军官攻读硕士和博士学位的地方。一份已发表的《美国陆军》手稿中称："移动研究所正是沃丁斯基所需要的那种环境。"从 2000 年 5 月正式开始，这个项目受启发于《最后的星空战士》（1984）（在这部电影中，一个男孩在一场太空游戏中取得了满分，被外星人招募，在太空战争中领航游戏飞船以拯救宇宙）[5]，被命名为"星空战士行动"。海军研究生院研究人员（比如《美国陆军》的最初执行制片人迈克·卡普斯教授，后来成为游戏产业巨头英佩游戏公司的总裁）的专业知识被"输送到游戏中"。开发小组成员访问了 19 个陆军哨所，目的是收集游戏施行的参考资料。英佩游戏公司的"虚幻 2"引擎被授权作为游戏设计的关键商业中间件（见第三章）。这一举动对游戏的成功至关重要，因为"虚幻"引擎是大量流行游戏的基础，而且它也是硬核游戏玩家和游戏研发人员普遍熟悉的开发工具。

当项目进展比预期缓慢时，芝达雇用了一批在艺电公司就相互认识的游戏行业资深人士——亚历克斯·梅贝里（阿卜拉克萨斯，《美国陆军》创意总监）、杰西·麦克雷《美国陆军》首席设计师）、菲利普·博桑特（《美国陆军》艺术总监）——担任项目团队领导的角色。（梅贝里和麦克雷后来加入暴雪娱乐公司，成为广受欢迎的《魔兽世界》游戏制作人和首席设计师）这个领导团队建立了一个有才华的开发团队，由 28 个人组成，他们大多是年轻、相对缺乏经验但却非常专注且具有献身精神的游戏开发人员。对他们的双重要求是困难的，但也是可以达成的：他们不仅要把一个有趣而引人注目的游戏组合在一起，还得以一种向玩家推销潜在的军事职业的方式来宣传美国陆军。

一个人能够因为他在军事武器和游戏设计方面的丰富知识，而在高中毕业后直接被录用。一位《美国陆军》开发人员回忆起在移动研究所的早期开发阶段时，向我解释说，当他第一次来到这个项目时，"没有真正的先例。有些人有（游戏）行业的经验，但对大多数人来说，这是他们的第一次出场。他们组合出一款令人惊叹的1.0版本软件，这些都是从他们的现有基础出发，试图能满足要求做出来的"。他也重复了一个《美国陆军》发展史上每一个时期我经常听到的说法，他说工作过程让人"坐立不安"。菲利普·博桑特还将这一项目的初期描述为"2001年12月至2002年7月的紧张时期。我们基本上重建了游戏，重新开始了。这不是一个理想的时间，我们没有那么多人。这是一次冒险，谁也不知道我们能否成功"。

尽管存在这些疑问，这款游戏还是于2002年6月在电子娱乐博览会上首次亮相。一个月后，也就是7月4日，作为第一款使用万众期待的"虚幻2"引擎的游戏，该游戏面向个人计算机游戏的大众用户发布。《美国陆军：侦察》是1.0版的官方游戏名称，尽管最初玩家对此持怀疑态度，然而事实证明很多人都错了。迈克尔是这款游戏的早期粉丝和志愿者，他后来成为这款游戏的首席设计师，他一开始对这游戏没什么期望。"因为陆军对制作游戏很在行，确实很在行！但这是'虚幻2'引擎开发的，所以它很有趣。"在2002年7月4日

第五章　军事-娱乐复合体的复杂化

《美国陆军》发布的当天上午，他去购买了前一天发布的《魔兽争霸3》，但在安装《魔兽争霸3》之前，他下载了《美国陆军：侦察》（这是《美国陆军》1.0版的正式名称）。"而且，有趣的是，那是我打开《魔兽争霸3》的前一周。"

在海军研究生院和西点经济分析中心的赞助下，这个小项目突然成为博彩业的头条新闻。"随着《美国陆军》的成功，"埃德·哈特写道，"真正的美国陆军一度成为电子游戏产业的摇滚明星，与此同时，该产业自身也进一步获得主流意识和娱乐业的认可。"突如其来的热潮使研发团队大吃一惊。由于最初制作《美国陆军：侦察》时遇到了困难，他们很高兴能在这样的时局中幸存。但他们没有对芝达在《建模和仿真》报告中描述的商业实践中的"文化障碍"做好准备，他们感到这些障碍越来越明显。正如菲利普·博桑特所言，他们仍然不能完全"熟练地同时生活在两个世界——一只脚在娱乐业，一只脚在政府里"。

在接下来的几年里，《美国陆军》和军方开始定义并主导新兴的"严肃游戏"产业，然后是互动娱乐领域的新词，而且军事承包部门在电子娱乐博览会、游戏开发商大会和严肃游戏峰会等展会上有效地吸引了媒体和业界的大部分注意力。游戏发布一年后，在2003年的电子娱乐博览会上，随着真的士兵从盘旋在洛杉矶会展中心上空的直升机上降落，如狂风过境般穿过人群进入会场并对该建筑物进行"保护"，军队对游戏产业的接管毫无疑义呼之欲出。事实上，目前一个更为普遍的军事化框架在整个美国，特别是在国家广播网络中愈加明显，新闻媒体将美国对伊拉克的入侵和占领以一种惊人的电影方式报道。2003年，一项研究发现，《美国陆军》的玩家将这一游戏作为一种手段，更密切地与"入侵伊拉克"进行体验式联系，他们有的时候边听新闻报道边玩游戏。玩家的粉丝社区和部落，如同基督教团体，以各种方式盗用游戏，通过传道、抗议和被游戏学者称为"涌现"的各种特殊利益团体进行行动，以影响游戏的预期功能和原始设计。

在移动研究所的开发工作室继续以半定期的时间表发布游戏更新。在1.0版本发布后，担任执行制片人的迈克·卡普斯离开了团队，亚历克斯·梅贝里被提升为团队执行制作人兼创意总监。虽然他们每个季度都与沃丁斯基会面，并在会议上规划了每一个发行版本，但对游戏的开发周期却没有一个长远的规划。沃丁斯基会提供反馈，并最终决定同意与否，并为下一版本提供总体目标。"他会说，'我们真的想要一种反车辆武器，比如（在游戏中是）AT4单发式单兵反坦克武器。他们即将推出XM25榴弹枪，所以我们想把他放进去。'我们会说，'这要花这么多钱。'我们最后会列出下一个版本的一些特性。"

然而，开发人员开始意识到，他们需要一个更大的组织来进行项目调度。经济和人力资源分析办公室的陆军项目经理开始要求开发团队"功能蔓延"，坚持为即将发布的版本提供额外的特性，而不将这些特性安排到开发工作或成本中。开发人员受制于陆军的要求，这些需求变成了移动的目标，在他们看来，沃丁斯基的指导变得越来越"不稳定"。这造成了办公室对军队的普遍敌对情绪。尽管芝达的移动研究所提供了组织上的支持，而且游戏在其最初发布后就获得了不可撼动的摇滚明星式地位，但该项目资金严重不足，面临着崩溃的危险。

2003年10月，当他们发行《美国陆军：特种部队》（2.0版）时，这个团队正遭受着"军队疲劳"，"军队在那个时候绝对是坏人"。大约在那个时候，这款游戏在全球在线玩家总数排行中排名第三，一位匿名游戏研发人员在论坛上写道：

> 经济和人力资源分析办公室开始抱怨我们没有达到他们的期望。我们开始读到关于采访陆军人员的新闻故事，他们谈到了他们是如何创建这个游戏的。海军开始对陆军大发雷霆，因为从来没有人提到这款游戏实际上是在海军智库内创建的。这个项目不仅在陆军和海军之间，而且在陆军的不同部门之间引发了许多政治斗争。当这个项目只是一个没谱儿的任务时，没人会注意到他。一旦陆军发现这个游戏是他们发起的最成功的营销活动（占他们年度广告预算的1/3），我们突然被放在了一个巨大的显微镜之下。[6]

包括执行制作人亚历克斯·梅贝里（当时"已经在精神上继续前进"）在内的游戏的领导层进一步放大了他们的幻灭情绪。梅贝里、艺术总监菲利普·博桑特与首席设计师杰西·麦克雷以企业家的身份接触了这个项目，并把它看作可以召集一个有才华的团队来从事其他非军方商业游戏开发项目的过渡性职位。在首发成功之后，他们开始寻找方法，将团队变为一个名为"兵工厂互动"的新的独立游戏开发公司。2003年秋天，这个团队找到了一条"厉害的渠道"，每个人都知道自己的责任。"工作室的氛围正在向想要离开海军研究生院和变得更加商业化的方向发展。亚历克斯和杰西在团队里播下种子，你可以看到这一切都在发生。"工作室开始举行会议，讨论整个团队搬去加州的新地点，要么到贝克斯菲尔德要么到圣弗朗西斯科。梅贝里和麦克雷开始寻找他们在游戏行业的关系，寻找创业资金，"建立一家新的公司，并基本上脱离陆军"。

传言逐渐在整个办公室传开，说陆军自己正在寻找一个新的研发团队来取代"移动研究所"，这进一步促使团队积极寻找与游戏出版商合作的机会，特别是艺电公司和动视公司。经济和人力资源分析办公室跟移动研究所都不知道，《美国陆军》的游戏开发人员"使用陆军的计算机和在陆军上班的时间内"被指派为艺电公司和动视公司的项目工作，据报道，其中一位游戏开发人员花了大约3个月的全部上班时间为动视公司的"德军总部"制作游戏角色原型。另一名开发人员为艺电公司进行平面设计。"我们有3个投标商，他们都想让我们为他们工作来证明我们的价值。我们让伙计们做各种各样的工作。[其他人]为一个完全不同的游戏做着完全不同的工作。我们有个徽标。我们为兵工厂互动制作了一部电影。"

那一年冬天，沃丁斯基正计划访问开发工作室并参加《美国陆军》季度进展报告的时候，这场萌芽中的兵变达到了荒谬的程度。在沃丁斯基访问的同一时间，一位开发人员错误地安排了一次对动视公司的访问，讨论为兵工厂互动提供启动资金的可能性。当一些开发人员在加州蒙特利的希尔顿酒店带领动视公司进行现场视察时，沃丁斯基和其他人一起在隔壁的凯悦酒店工作。"陆军从来不知道这件事，上校就这么走了。"

然而，很快陆军就掌握了开发团队这些"课外活动"的风声。2004年3月8日，当游戏开发人员来上班时，他们发现沃丁斯基在会议室里穿着全套制服——"他从来不穿全套制服"。跟沃丁斯基一起来的是他的指挥官、陆军副总参谋长约翰·麦克劳林及其他几名军官。梅贝里和麦克雷被当场解雇，"当然团队会爆发躁动，吵吵闹闹，人们开始说，'我也出局了'。"几位开发人员自己离开了，但大多数人都被菲利普·博桑特说服，他接任了临时制作人兼艺术总监的职务。博桑特本人本来也计划离开，但梅贝里和麦克雷说服他留了下来，以保持团队的团结，他们仍然梦想着能通过一支完整的《美国陆军》研发团队来最终建立"兵工厂互动"。

尽管欺诈的法律后果可能很严重，而且"上校真的很生气"，但军方认为，除了解雇开发团队高层之外，最好不要对其进行其他额外的惩罚。一场以《美国陆军》为中心，涉及海军、陆军和空军的更高层次的政治斗争自去年夏天以来一直在酝酿着。这种军种间竞争的结果是，陆军在同一次会议上宣布，他们将把游戏的研发从海军研究生院和移动研究所中剥离开来，并在附近闲置的奥德堡基地建立一个新的陆军管理办公室。

2004年1月至4月，当《美国陆军》在圣弗朗西斯科芳草地艺术中心艺术展览中进行"爆炸机：电脑游戏艺术和工件"展出时，沃丁斯基的经济和人力资源分析办公室与芝达的伞公司及海军研究生院之间的多重冲突显露出来。冲突的中心是海军研究生院希望与陆军共享游戏的发行和宣传。然而，沃丁斯基并不想让海军也作为这款游戏开发的核心角色获得任何的媒体关注，因为这将会破坏当时关于该产品作为一款"由美国陆军设计、开发和发布"的游戏市场宣传的真实性。

早在 2003 年 7 月，海军研究生院的负责人曾告诉经济和人力资源分析办公室，如果海军学校不能从他们参与的陆军游戏项目中获得任何宣传，那么沃丁斯基将不得不寻找另一个主办机构。然而，与此同时，沃丁斯基鼓励芝达通过将《美国陆军》的素材作为衍生技术出售给其他美国政府部门以建立新的军事训练工具，从而为海军研究生院寻找其他收入来源。沃丁斯基将芝达作为潜在客户介绍给空军，芝达的移动研究所使用《美国陆军》的软件制作了一个车队保护场景，供空军作为士兵训练使用。然而，这一举动被审计部门认为是没有得到联邦政府批准而将"联邦拨款增用"于外部资源。国防部拨给《美国陆军》项目的资金被非法用于空军项目。据报道，芝达在接手空军项目之前并没有意识到"拓展"的法律后果，所以觉得被沃丁斯基设计陷害了。

沃丁斯基随后就这一合作关系向美国国防部总监察长办公室提出正式申诉，以调查移动研究所对陆军游戏项目运营不善的影响。该办公室 2005 年发表的一份报告指出，移动研究所"做出了 45 项不当使用，涉及陆军游戏项目组及一个空军项目的不当费用总计近 50 万美元"，"缺乏能力来执行该工作项目的主要部分"，并做出了有"裙带关系嫌疑"的管理举措。这些因素，再加上沃丁斯基和芝达之间不断加剧的个人冲突，为经济和人力资源分析办公室提供了一个理由解除与移动研究所之间的联系，并完全控制陆军游戏项目组。当我在 2006 年夏天采访迈克·芝达的时候，他对整个事情仍耿耿于怀，在谈论那个时期的时候，他在每句话中都至少穿插了几句脏话。芝达推测，在海军研究生院明确表示陆军将不得不与海军分享《美国陆军》发展的功劳之后，沃丁斯基造成了空军计划的失败。

随着该项目完全处于沃丁斯基的经济和人力资源分析办公室控制之下，它开始引入其他实体，并将陆军游戏项目组作为一款在线电脑游戏进行扩展。奥德堡工作室更名为"美国陆军公共应用"，并开始与其他新的陆军游戏项目组织共享游戏的"资产"——游戏美术、角色、武器、纹理、粒子效果、动画和设计等单元。空军项目表明，与从大型国防承包商订购操作武器系统训练软件的成本相比，其他政府和国防项目的资产可以廉价地重复使用。北卡罗来纳州罗利的一家私人工作室开始研究这种重复使用《美国陆军》资产的军事训练仪器。一家名为"虚拟英雄"的公司持有《美国陆军》政府应用"的合同。在新泽西州皮卡汀尼兵工厂的另一个团队，叫作"《美国陆军》未来应用"，开始从事模拟训练器和武器原型的研究。"我们有 3 个不同的组织，表面上是为彼此生产，"一名开发人员告诉我，"但他们生产的产品质量等级不同。皮卡汀尼的人不是艺术家。"

标枪基本功训练器是一种节约成本的训练系统，它模拟昂贵的标枪导弹系统（每枚导弹价值 8.6 万美元），随着其成功投入使用，这些机构开始开发一系列其他训练模拟器，其中包括为美国特勤局（USSS）设计的一种。2005 年，桑迪亚国家实验室和肯尼迪特种作战中心合作开发了一种训练模拟器，训练士兵与当地平民进行跨文化和

美国的数字陆军

"文化意识"交流。[7]陆军游戏项目组开发的其他产品的目的是通过为新兵进行基础训练和做好军事生活等基本的心理准备,从而降低新兵训练营的退出率(和因此而增加的军队成本),并节省资金。[8]

陆军游戏项目组还在搬到奥德堡不久后与电子游戏出版商育碧进行了商业合作。根据这项协议,育碧获得《美国陆军》授权冠名两款完全独立的游戏。第一个是投放于 Xbox 和 PlayStation 2 平台上的《美国陆军:士兵的崛起》,由私人工作室"秘密"开发,2005年由育碧发布,供商业发行。这款游戏收到了褒贬不一的评价,但它的成功足以让 Xbox 360 平台推出续集《美国陆军:真正的士兵》,这款游戏在 2007 年被育碧迅速开发并发布。"真正的士兵"评价很糟糕,这也为沃丁斯基在"真正的士兵"发行后取消与育碧的

图15 《美国陆军3》在2009年游戏开发者大会上发布的让人热血沸腾的海报。作者拍摄

合作提供了充足的理由。游戏开发商"僵尸工作室"[9]、数据分析和软件发行公司"实用解答"、市场营销公司"点燃"(见图15),以及签约机构"数字咨询服务公司"均不同程度地加入了陆军游戏项目组,并且每家公司都从其成员资格所带来的商业机会中获益良多。

然而,新迁到奥德堡的《美国陆军》公共应用核心研发团队需要很长时间才能从自己造成的危机中恢复过来,在梅贝里和麦克雷被解雇后,开发人员成批离职。这段时间的工作人员更替率很高,到2007年,当初的28名团队成员中只有6名仍然在工作室工作;当2009年《美国陆军3》发布的时候,这个最初的团队只剩下两名仍在。由于维持一个可行的核心开发团队的不确定性,经济和人力资源分析办公室开始担心整个《美国陆军》公共应用团队会解体,于是开始采取措施防止这种情况发生。2004年夏天的一天,来自北卡罗来纳州《美国陆军》政府应用办公室的几个人在沃丁斯基的授权下毫无预兆地来到《美国陆军》公共应用工作室,"带着移动硬盘、U盘。他们就这么冲进办公室'提取数据'。他们没有说,'嘿,如果你们搞砸了,我们就是你们的替补,我们拿走了你们所有的东西,因为我们不确定你们下周会不会来。'"但这是给《美国陆军》公共应用团队的潜台词。

在梅贝里和麦克雷被镇压后,这是沃丁斯基部分控制游戏开发团队的多次尝试中的第一次,他的做法是要么将一个局外的权威人物强加到开发过程中来制造竞争,要么解雇那些被认为是最有问题的人,或者将其中的两种或更多种方法结合起来。工作室内部人员对于来自非工作室的"局外人"的偏执想象始于这一事件,并持续贯穿于我在工作室实地调研期间。2007年，在我第一次来到加州办公室的头两周，我也受到了怀疑。当时，一名研发人员作为整个团队的代表，对我的研究项目进行了两小时的询问，目的是判断我到底是沃丁斯基派来的"间谍"，还是另一个陆军游戏项目团队派来监视他们的"间谍"。

最初的"数据提取"影响了来自北卡罗来纳州的新《美国陆军》政府应用团队和《美国陆军》公共应用团队之间的关系。加州《美国陆军》公共应用团队嫉妒《美国陆军》政府应用团队在一家独立公司（"虚拟英雄"）中的地位，而这正是梅贝里和麦克雷希望达到的。他们还怀疑，除了与《美国陆军》政府应用签订模拟训练器合同外，"虚拟英雄"的高管还想要得更多。当沃丁斯基宣布菲利普·德卢卡将成为《美国陆军》公共应用团队的新执行制作人时，这看起来就像是"虚拟英雄"公司的高管们将他们自己选出来的领导派到了加州。"事实证明，德卢卡是他们的朋友，我们已经恨死他们了。"

德卢卡向我解释说："当我第一次接触'虚拟英雄'的高管时，他们说他们将担任整个《美国陆军》项目组的主管，这个项目组将包括《美国陆军》公共应用、《美国陆军》政府应用和《美国陆军》未来应用。"

当我到达那里时，那里的实际环境极其恶劣。所以我一到那里就解雇了首席程序员。我还让其他一些人走了，因为他们串通一气搞诈骗。我估计这个团队骗了政府至少20万美元，因为他们声称正在做某件事，但从未交付，而是把所有时间都花在了……着手建立自己的公司。我理解他们为什么这么做——他们不满意政府及陆军管理他们的方式。军方不明白电子游戏的研发是由一系列谈判和妥协组成的。他们习惯于下达命令，就是让人来执行。所以他们没有准备好来来回回地谈判。

德卢卡的行为和管理风格进一步挫伤了这个"已经失去活力"的小团队的士气。再加上德卢卡在一个针对《美国陆军》黑客的敌对游戏论坛上发帖，（违背沃丁斯基的意愿）承认陆军确实可以根据互联网协议地址追踪个人[10]，导致德卢卡这份为期 6 个月的合约在 2005 年 4 月到期后没有续签。菲利普·博桑特这次作为常务执行制作人再次中选。

德卢卡告诉我，当时"虚拟英雄"的高管们"用尽一切力量和手段来竞争该项目的控制权，因为他们自认为处于《美国陆军》政府应用中的核心地位，所以他们应该接管《美国陆军》公共应用并运营它"。很明显，整个项目都需要进行更集中的结构调整，以便使所有不同的因素以一种更有组织和更和谐的方式一起工作。"虚拟英雄"开始向心怀不满的《美国陆军》公共应用团队员工示好，让他们离开已经缩减了人数的加州团队，搬来北卡罗来纳。因为芝达是"虚拟英雄"公司顾问委员会的成员，而沃丁斯基并不知道这一点，因此这些也是迈克·芝达离开移动研究所而失去该项目的报复。"虚拟英雄"的高管试图控制《美国陆军》公共应用的努力最终被证明是无效的，部分原因是他们似乎与一名经济和人力资源分析办公室沃丁斯基手下的陆军少校之间进行个人竞争。

正如之前所讲的那样，这个项目在研发过程中经历了危机、个人和机构竞争以及缺乏对游戏研发人员、政府承包商和军事人员不同需求的相互理解的困扰。回想起这一点，菲利普·德卢卡在 2005 年春季离职时对整个事情进行了回顾性分析：

> 上校的想法从根本上讲是英明的。他展示了一种对军队需求的洞察力，并将其与一种他不熟悉的社会现象联系起来，他将其结合在一起，这真他妈的是一种惊人的智慧。现在，执行很差，这肯定是他的错。他选择了这两个少校，其中一个非常有能力、有动力，非常上心，另一个……很腐败。那是他的错！上校搞砸了，他真的不承认是自己的不足。他认为这些不足在于平民，这些平民最终要对应用程序的实现负责。……他应该把程序开发交给一家游戏开发公司。他应该有一个董事会，他可以去问："我们是否应该在一款游戏上［一年］花费 300 万美元，在其营销活动上［一年］花费 1000 万美元？"

随着退休的临近，沃丁斯基意识到有必要确保陆军游戏项目的长期可行性，他知道经济和人力资源分析办公室并没有解决问题的方法。作为西点军校的一个研究机构，办公室的任务是提出建议和初始原型，而实施将由其他实体进行；经济和人力资源分析办公室从未打算成为陆军游戏项目组的永久基地。为了实现最终的过渡目标，经济和人力资源分析办公室在 2005 年开始与位于亚拉巴马州亨茨维尔附近的红石兵工厂的软件工程理事会共同担负项目职责。红石兵工厂拥有许多火箭科学研究和开发中心，包括美国国家航空航天局（NASA）的马歇尔太空飞行中心（George C. Marshal Space Flight Center）和美国陆军航空和导弹司令部（U.S. Army Aviation and Missile Command）。著名的太空计划（"双子座""土星""水星"等太空计划）和陆军武器系统（爱国者和标枪导弹；阿帕奇、支奴干和黑鹰直升机）是源自红石兵工厂许多计划中的一部分。与红石兵工厂这些大项目相比，软件工程理事会是一个小机构，而且如同参与该项目的其他公司一样，《美国陆军》成为他的代表作品。

许多基于《美国陆军》平台的士兵训练器的开发工作在2005年过渡到软件工程理事会，而"虚拟英雄"和其他公司继续为各种项目做出贡献。在最高层上，软件工程理事会中这些游戏和模拟项目的经理是美国政府的雇员，而其他在此工作的员工则是大型军事承包公司如诺斯罗普·格鲁曼公司、洛克希德·马丁公司和科学应用国际公司（现在称为雷多斯）的雇员。

迈克尔·博德曾作为诺斯罗普·格鲁曼公司的一名员工在软件工程理事会工作，他担任《美国陆军》各种基础技能培训师的项目经理。他详细说明了在这种劳动背景下，合同的等级如何成为"一个跟文化紧要相关的问题"。项目管理几乎总是落入美国政府文职雇员的手中，在他们之下还有其他的等级。"主要"承包商是那些为拥有项目主要政府合同的公司工作的个人。那些被称为"团队成员"的雇员处在政府合同的较低等级上，他们为主承包商分包的公司工作。"如果你不是政府部门的人，他们会以不同的方式对待你。就像在俱乐部一样。部分原因是他们受过这样的训练,他们被教育过有的事能和承包商沟通,而某些事他们不能做。"[11]

作为美国国防部最大的承包商之一,科学应用国际公司是陆军游戏项目组的"主要"承包商,它使得资金能够从政府转移到"团队成员"公司,然后再发放到这些公司的员工手中。在每个阶段,每个合约机构将管理游戏开发的费用分为不同用途。一位《美国陆军》高管向我讲述了一个关于《美国陆军》公共应用游戏研发人员薪金的例子,他们直接受雇于一家名为"数字咨询服务"的"团队成员"公司。举个例子说明,"数字咨询服务"公司每付给《美国陆军》公共应用游戏一名研发人员5万美元,"数字咨询服务"公司就可以向"主要"承包商科学应用国际公司索要约10万美元的账款。而另一边,科学应用国际公司将向美国政府收取15万美元左右的管理雇员的直接相关费用。尽管科学应用国际公司2013年在世界500强中排名第245位,年收入106亿美元[12],是《美国陆军》与美国政府签订的主要合同的持有者,但它在"陆军游戏计划"大部分的日常活动中几乎没有出现,在《美国陆军》公共应用团队里也没有出现。许多《美国陆军》研发人员从未听说过科学应用国际公司。

从加州开发工作室的角度来看,这种政府承包是一个反复出现的问题,"总觉得我们被远远地控制着"。尽管《美国陆军》公共应用游戏研发团队和他们的雇主"数字咨询服务"公司都是"团队成员",他们生产了陆军游戏项目组的核心产品——即个人电脑游戏《美国陆军》——但他们却处于合同等级的边缘。"他们不是科学应用国际公司,他们不是主要的,所以他们有点被科学应用国际公司的员工瞧不起。他们不是政府部门的，所以处于金字塔的底端。"

当软件工程理事会首次参与该项目时，《美国陆军》公共应用开发人员希望能够缓解困扰团队的一些管理问题，比如经济和人力资源分析办公室持续地不受控制地增加技术特征的"功能蔓延"要求，侵犯了先前商定的工作负载时间表。埃里希·伊万斯回忆了在他们与软件工程理事会的首次交流中，《美国陆军》公共应用团队是如何向软件工程理事会总监弗兰克·布莱克韦尔详细列出这些问题的，"不断提出一个又一个需求，而我们无法在满足这些需求的同时继续制作游戏"。布莱克韦尔回忆：

> 我觉得这难以置信，这是不可能的。下半年的一天，一名经济和人力资源分析办公室的军官出现了，他说："美国陆军协会的会议就要召开了，我跟所有人承诺了，你们要做一个关于史密斯中士的视频。"这个人因其在战斗中的行动被追授国会荣誉勋章。"你们不仅要在游戏中制作这个行动的视频，我们还要以同样的分辨率将它投射到3个大屏幕上。还有两个月就要交了——我们开始吧！""我们再也找不到比这更好的例子来说明事情有多糟糕了。"那天结束时，弗兰克·布莱克韦尔对我们说："我需要去找沃丁斯基上校，和他谈谈，因为我已经找到了问题所在，问题就在他身上。"

研发人员继续定期更新游戏，并"成功地创造了那些让我们继续前进的奇迹时刻"，例如在制作上述关于"史密斯中士"的项目的同时，他们也致力于自己受雇制作的游戏。尽管他们在请愿书中表达了自己的痛苦，但从未成功地改变管理者们为其设定的期望值。2006年，《美国陆军》公共应用团队再次将办公地点迁至埃默里维尔，这是一个夹在伯克利、奥克兰和圣弗朗西斯科湾之间的小城市，此举很可能使工作室免于彻底崩溃。大部分的小型研发团队很高兴能北移到更城市化和国际化的中心城市，此举有意利用与电子娱乐产业的紧密联系将办公室引入硅谷和湾区的文化圈。各种各样的数字娱乐公司，如皮克斯和艺电公司的 Maxis 工作室（《模拟人生》《孢子》和《模拟城市》的开发者）都离《美国陆军》公共应用团队很近。研发人员们总是说，他们与电子游戏行业的名人威尔·赖特共用一家星巴克，威尔·赖特经常在咖啡时间出现在那儿并曾经参观过该工作室。

埃默里维尔工作室是我在陆军游戏项目组中找到的实地调研之家，我于 2006 年 9 月首次来到这里，并在 2009 年 6 月之前定期访问该工作室（通常一次访问长达数月）。2006 年秋天，他们刚刚发布了一个重要的版本——《美国陆军：守望先锋》，这是该系列历史上的一个高潮，毫不夸张地说是"一个奇迹"。在那个时候，工作室已经重新建立了一个系统的工作流程，这有助于高效研发。附近数字艺术学院的应届毕业生可以很容易地在毕业后就到那里工作，工作室的位置是特意选择的，因为离学校很近，两家机构之间还设立了一个实习项目。

这支团队最终创造了一个典型的休闲和放松的游戏开发工作室的空间，这在他们 2007 年开始《美国陆军 3》的制作时成了一种常态。其他陆军游戏项目组在 2007 年也开始制作，包括虚拟陆军体

第五章 军事－娱乐复合体的复杂化

验，该项目主要由软件工程理事会、"点燃"公司、僵尸工作室和《美国陆军》公共应用团队共同制作（参见第四章）。其他的商业伙伴关系，比如《美国陆军》的街机游戏（见图16）和手机游戏都在2007年出版，这导致产品特许经营商关于真实性和现实主义的说法有点荒谬。[13] 育碧的《美国陆军：真正的士兵》也于2007年发行。当他们如同预期那样完成时，这样的商业安排对两家机构来说都是双赢的，既免费为陆军打广告，同时也让许可机构能够创造一款

图16 《美国陆军》街机游戏，由全球"虚拟现实"发布

"官方"的陆军游戏并从中获利。然而，对内容的控制一直是沃丁斯基不愿放弃的。这些游戏想兼具可玩性和军队的代表性，这导致了这些游戏的质量不能保证，造成他在未来处理与游戏产业关系方面采用了更加谨慎的方法。

使用《美国陆军》平台的非商业性伙伴合作中有一个非常成功的项目，该项目目前由沃尔特里德陆军医疗中心使用，提供给使用假肢或需要帮助的受伤士兵在重新适应平民世界时进行环境模拟。[14]士兵现在可以使用《美国陆军》平台进行招募、训练和创伤后治疗，从而将游戏软件的生命周期与士兵的生命周期相结合。与非营利组织"先锋"的合作也从2008年开始，为该组织提供了中学生物理的虚拟模拟实验教学平台。[15]后来，美国航空航天局的"第一人称探索者"严肃游戏《月球基地阿尔法》(2010)由"虚拟英雄"、美国航空航天局学习技术和软件工程理事会合作开发，并使用了《美国陆军》平台。这款免费游戏赢得了2010年严肃游戏展案例与挑战的"政府"类别奖项，它模拟了未来的月球生活场景，与《美国陆军》一样，鼓励玩家在虚拟数字环境中进行团队合作。

2003年11月发布的《美国陆军：特种部队》(2.0版)一直保持更新到2009年4月(2.8.5版)。对一款游戏来说，这6年的更新周期是非常惊人的；对一个游戏生命周期最多只有几个月到几年的行业来说，这也是非常不寻常的。在这些年中，《美国陆军》帮助定义和构建了的军事第一人称射击游戏，通过《使命召唤》《荣誉勋章》《冲突》《特种作战司令部》和《战地》等游戏的成功验证而广受欢迎。《美国陆军》有一群相当投入的玩家，他们与制作人埃里希·伊万斯这样的研发人员定期在官方的网上论坛进行交流，但是这些年来免费的游戏由于游戏的平面技术和游戏风格无法跟上行业的变化而不那么吸引人了。随着更新、更炫的产品上市，这款游戏的注册用户比例大幅下降。

虽然《美国陆军》表面上是一款面向年轻人的游戏，目的是鼓励人们将参军视为一种可行的职业选择，但仍有一群年龄较大的玩家在玩这款游戏。用研发人员的话说，这是一款"有思想的人的战术射击游戏"，不需要太多更新、更具个性化的第一人称射击游戏的"抽搐技能"。这种在《美国陆军》中被刻意鼓励的玩法也影响了该游戏的玩家，因为"（《美国陆军》的）核心目标之一是，一支协调良好的队伍应该始终能够击败一群更有天赋、随机组合的人"。

尽管这个游戏对年轻玩家来说逐渐过时，《美国陆军：特种部队》的更新之所以长达6年之久，部分原因在于《美国陆军3》制作的进展并不顺利。游戏开发人员向我讲述了加州工作室在"最终产品应该是什么"方面缺乏领导力和远见，以及在团队中工作多年的首席设计师如何拒绝委派责任，从而导致项目停滞不前。沃丁斯基和软件工程理事会在2007年和2008年初一直在焦急地等待最终成果的进展情况，但最终未能实现。经济和人力资源分析办公室与软件工程理事会都开始讨论在加州维持一个团队的有效性。最终，迈克·博德在2008年春从亚拉巴马州被派往加利福尼亚，与菲利普·博桑特共同担任执行制作人。"在沃丁斯基眼里，菲利普失败了，"一名研发人员透露，"我其实也是这么觉得的。"但与此同时，对于研发人员来说，"感觉就像高高在上的军队那边发生了一件糟糕的事情，它以我们未必完全理解甚至没有接触到的方式冲击着我们"。

在那里逐渐实现了一个更层次化的指挥链，将软件工程理事会作为经济和人力资源分析办公室与研发人员之间的中间人，这切断了加州游戏制作人与经济和人力资源分析办公室之间的重要交流。与前几年的开发形成对比的是软件工程理事会权力的集中，它指导了更多游戏开发的需求。研发人员推测，沃丁斯基预计于2010年退休，此后软件工程理事会将成为《美国陆军》的永久归处，而这确实是理事会领导层的最终目标。为了将游戏开发更平稳地过渡到软件工程理事会，加州团队的领导被集体砍掉了。迈克·博德"是带着清理管理层的指示来的。他没这么做是因为他意识到有些人对这个项目是多么重要"。

然而，沃丁斯基想要有人为《美国陆军3》的延迟付出"失败的代价"。大多数研发人员都不知道，2008年底的延期坚定了沃丁斯基在游戏发布后关闭游戏工作室并将游戏的生产完全转移到软件工程理事会的想法，尽管博德抗议说，作为政府软件开发机构的软件工程理事会缺乏能够有效承担这一项目的电子游戏行业人才库。但是由于这个项目之前的领导层经历了几乎"叛变"的一幕，沃丁斯基在与加州研发团队打交道时难以采取先发制人的手段。就像一部讲述美国内战时某部队经历的电影，沃丁斯基介入并让博德解雇了工作室中最受欢迎的博桑特与一位资深的长期制作人。另一位来自移动研究所的资深设计师和团队领导也因此辞职，据说，他简单地向整个团队解释他的决定时说："这坨狗屎真没意思。"

事件发生后不久，当我开始对《美国陆军》游戏研发人员进行开放式采访时，研发人员想要谈论的内容中有很大一部分涉及他们所谓的"一个庞大的项目管理群"，而这一集群在解雇事件中得到了强化。一位平面设计师讨论了"如何对不现实的需求说'不'，但这甚至根本不重要。这是个疯狂的地方"。尽管这名平面设计师很享受这种挑战，但它给人的感觉却是：

> 好像我们真的被扔进了深渊。……你收到这些难以满足的疯狂要求，而这些要求来自那些难以驾驭的人，你无法摆平他们。你有不断变化的目标，这只是工作的一部分。从根本上来说，在有约束的条件下工作会让你做得更好，我对此很感兴趣。但你的回旋余地太小，而你要解决这个问题的创造力是如此之大。你必须立即解决所有的问题：什么能满足陆军的要求；真实反映出有关士兵军事职业的有用信息；使用真正的装备；在现有时间内做成艺术创造的东西；最重要的是，在接下来的5年里，掌握了所有这些东西的路线图之后，我们正在做的任何东西都不会因为一些基本改变而毁掉之前做的东西。我们只有6名员工能够编程，（已经）没有时间了。

后来，当我访问红石的软件工程理事会时，我意识到那里的员工经历了同样的压力，但条件却迥然不同，这不利于管理一个开发人员远在两千多英里外的电子游戏，他们的文化心态与他们在这里的政府管理人员非常不同。不允许基地以外的电子设备进入建筑物内——没有手机、移动存储设备、相机、苹果随身播放器、录音机，而且绝对没有笔记本电脑。[16] 这样的安全要求对每一个参与其中的人来说都是一种压力，尤其是项目经理。其中一位经理对我说，由于多重压力和需求，她的工作"总是处于恐慌状态"。在拜访另一位软件工程理事会项目经理时，他告诉我，在我访问他的办公室的过程中，他收到了48封电子邮件。这些工作场所存在的问题也许是可以解释2008年软件工程理事会一系列采购失败的部分原因，其中包括没有成功买到加州团队所必需的关键环节的软件使用许可证。[17] 这些失败的采购——加利福尼亚团队认为这反映了软件工程理事会的不足或是蓄意破坏，或者二者皆有之——这导致游戏的研发在几个方面达到了近乎不平衡的程度，并造成了进一步的紧张，而拖延的责任和罪名都被软件工程理事会扣到了加州团队头上。

游戏开发人员和他们受软件工程理事会与经济和人力资源分析办公室的管理之间的关系有时用开发人员的话来说就是，这些冲突的核心源自文化差异。一位开发人员沮丧地对我说："每次我们试图从常识来做，政府工作人员都会用他们怪异的、在我们看来没有任何意义的规则来瞎搞。"另一位前开发人员以类似的方式回顾了他的经历，他写道："在那几年的时间里，两种完全不同的地外文化聚集在一起，做些很酷的事情。"[18] 尽管这种解释很可能过于简单，但文化差异的语言突显出《美国陆军》远远不止是军方所说的——一款"由陆军设计、开发和部署的电子游戏"。作为一个典型的"军事-娱乐复合体"的例子，《美国陆军》的历史揭示了一段确实非常复杂的偶发关系史。

我在这里描述的关系突出了人类学家大卫·格雷伯的观察："整体总是想象的产物。国家、社会、意识形态、封闭系统……这些都不存在。现实总是比这混乱得多——即使相信它们的存在是一种不可否认的社会力量"。"复合体"（例如，"军事-工业复合体"）概念的威力在于，它能够混淆多方面的进程，通过使错综复杂的谈判、竞争和合作的现实看起来是顺利、合乎逻辑和本质上相同的，从而混淆了多方面的进程。我认为，"网络"的概念也能达到类似的效果，为一种现象提供超出其应有的力量。

我参加了陆军游戏项目组，寻找一个由非主流实体、人员和组织组成的网络——但事实证明，这在很大程度上是难以实现的。相反，我发现的是军队、政府、商业和承包机构的等级制度、派系和个人对抗、心怀不满的员工的长期历史，以及一种通过文化差异来解释误解和冲突的模式。虽然陆军游戏项目组中的机构最终在一定程度上相互合作，但在产品内容、资金和名誉方面，各组织之间存在着激烈的竞争。所有这些竞争的根本动机是商业驱动的组织自我保护，特别是对于那些严重或完全依赖陆军游戏项目组资金来运作的企业和实体。虽然在一定程度上存在着一个横向的、隐性的、虚拟的生产网络，但作为一个军队赞助的项目，陆军游戏项目组实质上是一个等级森严、官僚主义组织的结果，就像一些研发人员说的那样，是"民主社会中的封建社会"。

与网络和网络理论家所描述的无缝和理想化的网络生产模式相比，陆军游戏项目组的实际情况和内部情况要微妙得多，也更具派系色彩。与凯瑟琳·卢茨在这一章开篇的警句相呼应的是，它的历史所展示的偶然性，远远超过了那些遵循战争游戏经典历史的作家所展示的偶然性。卢茨写道，产生军事力量的机构是多种多样的、复杂的，而且常常是无能的。"尽管人们认为军队是团结一致的,但其项目与国家其他部门的项目一样,而且很久以来一直是多元的、政治性的及有争议性的。"虽然经济和人力资源分析办公室声称《美国陆军》成功地帮助陆军招募和留住了有才华的士兵,但通过与游戏研发人员的谈话,我发现了《美国陆军》在招募和保留游戏研发人员,以及项目本身的管理存在着成功与失败相矛盾的故事。

注 释

1. 最突出的论述者包括卓别林和鲁比、科罗根、德－德里安、格雷、哈特、赫兹、克兰、雷诺阿、雷诺阿和洛伍德、李、米德、尼尔伯格、帕萨宁、斯塔尔。
2. 本章引用的匿名材料来自我在 2007 年 11 月至 2009 年 4 月的一年半时间里对《美国陆军》研发人员进行的多次采访。
3. 参见 http://ict.usc.edu/about/pdf-overviews/，访问于 2014 年 5 月 1 日。冈萨雷斯进一步详细介绍了类似的军事训练"文化意识"演习。
4. 我以卓别林和鲁比、哈尔特和芝达等人的描述，以及我自己与芝达、沃丁斯基和大约 10 名其他《美国陆军》雇员的访谈和电子邮件交流，构建了《美国陆军》的这段历史。
5. 奥森·斯科特·卡德的《安德的游戏》（1991）也是一本对与军事游戏领域密切相关的、对个人相当有启发性的书。在这本书中，一个小男孩指挥模拟太空战斗的技巧恰巧是拯救人类对抗外星虫人的战略优势。
6. 参见 http://hardforum.com/showthread.php?t=1428555，访问于 2015 年 11 月 30 日。这位前开发人员继续写道："这只是故事的简短版本。整个故事可以写一本书。"
7. http://www.sandia.gov/adaptive-training-systems/Fact%20Sheets/ATS%20FactSheet%20CogSys%20Sheet%2010-04-06%20edit.pdf，访问于 2015 年 11 月 30 日。
8. 未来士兵训练器和未来士兵训练系统是两个独立的产品，其设计目标是投入给新入伍的士兵使用，其基本理论是，与新招募的士兵进行虚拟交战可以减少消耗。未来士兵计划还在其计划中实现了在安卓和苹果系统移动设备上的运用。
9. "僵尸工作室"依靠军事合同来补充其商业收入。"未来部队连长"，一个旨在描述未来技术娴熟的陆军的模拟，就是"僵尸工作室"为军事承包商科学应用国际公司完成的一份合同。"僵尸工作室"在"虚拟陆军体验"和《美国陆军 3》的外包开发工作中也扮演了重要角色。
10. 这条信息的部分内容是："20 世纪 40 年代初，日本吸取了一个重要教训——'让沉睡的巨人躺着吧。'我们可能不会迅速做出反应，但当我们以不可阻挡的力量做出反应时……军方当然有处理网络犯罪的合作伙伴。这不仅包括陆军的各个信息技术部门，还包括司法部、特勤局和联邦调查局……请允许我直接对坏人说一下：'当你被禁止时，我们知道、并且有记录显示你做了违反服务条款的事情，违反了终端用户许可协议的事情，而且碰巧也是违法的事情。我们知道你是谁，可以追踪到你在哪里干的这些事儿。我们有确凿的证据证明你做了违法的事。陆军很生气，我们要来找你了。'"

11. 博德说，举个例子，比如开别人的车这样简单的活动。一个政府雇员"从技术上来说不能坐我的车或者其他承包商的车，因为这可以被理解为是在帮我或者这些承包商的忙。但我可以坐他的车。所以当我们去吃午饭的时候，我不能接待他。他可以接待我。这些类似的奇怪的事情真的会影响你和那些人的关系"。

12. 参见 http://archive.fortune.com/magazines/fortune/fortune500/2012/full_list/201_300.html，访问于 2014 年 6 月 6 日。

13. 参见 http://arcadeheroes.com/2007/07/20/americas-army-coming-to-arcades/，访问于 2014 年 6 月 8 日。

14. 参见 http://www3.ausa.org/webint/DeptAUSANews.nsf/byid/PGRH-7N2QQU，访问于 2014 年 6 月 8 日。

15. 请参见 http://www.army.mil/article/12589/，访问于 2015 年 11 月 30 日。

16. 在我三次访问软件工程理事会期间，极其严格的安全限制要求我在任何建筑内都必须随时有人陪同，包括上厕所的时间。为了进入红石兵工厂，我必须接受严格的安全检查，而且我经常必须由项目经理在基地入口处接我，那里离软件工程理事会大约 15 分钟的车程。因此，我的访问使那里的雇员比埃默里维尔的雇员承受了更大的压力。让游戏研发和现场工作更加复杂的是，一些旨在防止网络攻击的政府防火墙成为《美国陆军》开发过程中的持续障碍。例如，软件工程理事会的工作人员在使用政府电脑制作游戏时，在特定时间点无法使用互联网下载、访问或玩自己的游戏。

17. 开发人员给我举了三个具体的例子，分别是用于游戏的性能修订控制软件、Adobe Flash 和 Beast lighting 软件。

18. 这篇博客文章自 2005 年发表以来在《美国陆军》用户论坛上广为流传。参见 http://archive.forum.americasarmy.com/viewtopic.php?t=155861，访问于 2014

年 7 月 4 日；http://battletracker.com/forum/america-s-army-3-0-forums/america-s-army-3-0-discussion/p2676712-new-message-from-the-dev-s/，访问于 2014 年 7 月 4 日。

第六章

虚拟战士的工作

这是我的机会,让我把你作为一个展示渠道,说明它是如何走下坡路的。如果我明天被炒鱿鱼,没人会知道,除非你写下来。……我认为,你至少是一个传播渠道,告诉其他人我们在这里真正面临什么样的挑战。

——《美国陆军》研发人员向作者解释他为什么同意接受采访

招募研发人员

当 2008 年秋天来临的时候,我已经在加州的美国陆军游戏开发工作室全职工作了。在过去的 20 个月里(2007 年至 2009 年),我在这个游戏工作室度过了大约 7 个月,在那里,《美国陆军 3》正在圣弗朗西斯科湾的一座办公大楼里进行研发,我认识了 34 人开发团队中的许多人。工作地点是黑暗而舒适的小隔间、会议室、走廊、办公室。工作环境舒适而富有生产力，这是通过一些有规律的日常活动来实现的，比如晨会、电话会议、午餐和咖啡休息、游戏测试、接待来自其他陆军游戏项目组办公室的客人，以及下班后的终极飞盘比赛、游戏和喝喝啤酒，等等。我通常在早晨到达，一直待到傍晚或晚上，除了休息时间或者别人有交谈欲望的时候，我在这个要求很高的工作环境中尽量保持低调。由于制作人的慷慨，我在质量保证团队中有了自己的办公室和能在工作时间内使用的工作室钥匙，还有能帮我追踪办公室通信、优先事项和外出活动的《美国陆军》电子邮件地址。

一天下班后，我和一些研发人员一起喝着啤酒，我笑着谈起了当我第一次到达那里时，我遇到了当时的游戏执行制作人菲利普·博桑特。博桑特带我参观了办公室，我被办公室厨房吸引住了，这是喝咖啡和早上聊天的地方。"咖啡在这里很重要。"他告诉我。我们在厨房遇到了4名身穿军装的男子，其中一些人身穿陆军军装，另一些人穿着数字化迷彩裤和普通T恤。自然，我认为他们是士兵，毕竟那是美国陆军的电子游戏工作室，他们穿着军装。随着谈话的继续，我问其中一个人他在军队里待了多久，还说我不知道真正的士兵在玩这个游戏。他笑着说："哦，我们是平民。我们喜欢假装在军队里。"

这句话因其在实现两个世界的融合时的油腔滑调和异常突兀让我印象非常深刻，并一直在我的脑海里回响。这两个世界在当代美国话语中通常被认为是对立的和互相背离的：工作和玩乐是两个独立的世界，这些士兵和平民的世界也是独立的，这两对关系我在第一章中详细讨论过了。当然，这些范围之间的实际边界（如果它们确实存在的话）是有缝隙并可以互相穿越的，而且在相当长的一段时间内，它们的边界通过多种渠道变得不那么明显。在这本书中，我认为陆军游戏项目组有助于这种融合，这使得平民玩家成为虚拟士兵——这不仅是因为他们是在虚拟或模拟环境中游戏的士兵，而且也是指他们是未来可能在伊拉克、阿富汗或其他地方作战的潜在士兵（换句话说，真正的士兵）。"虚拟士兵"的概念可以互换使用，有时它同时包含两种含义，因为这两种含义并不相互排斥。但后一种"虚拟"的含义是"潜在的"，因为《美国陆军》的版本也被用于士兵熟悉武器和文化意识角色扮演的训练。

就像他们创造的传说和虚幻之敌一样（见第三章），《美国陆军》的开发人员也经历了同样的任务，即灵活地调整他们的工作以适应传说般的战争叙事。通过他们的工作经验，电子游戏研发人员成为一种半士兵半平民的混合体，他们是拥有军事知识的专家，在所谓的军事和非军事领域之间的阈空间内工作，将这些知识转达给电子游戏玩家和更广大的公众。为此，他们的工作不仅是开发了一款软件，而且投射出一种带情感的、军事化的市场营销和公共关系的精神。这种非物质性的劳动被用来缓和游戏平民和职业士兵之间的明显差别。这种类别的合并对虚拟士兵的创建和维护至关重要，它具有一种有趣又严肃的局限性，可以说是军事化的有效工具（见第一章）；这是一种后福特主义使战争永久化的魔性结构。

电子游戏行业内的非物质劳动——周期性的不稳定失业、"最后关头"一周80小时连轴转的工作时长、无法区分工作和休闲时间。

这些看似自相矛盾的"玩工"和"轻松探险"概念，虽然不是他们的日常词汇的一部分，但可以准确地描述他们的日常生活。这些后福特时代的现实是《美国陆军》游戏开发人员所处行业的特征。总的来说，他们是一群追求游戏开发或类似领域的工作者。就像在美国陆军服役的士兵经常遇到的情况一样，经济和职业发展机会是大多数《美国陆军》游戏开发人员选择为军队承包商工作的主要原因。虽然他们中的一些人在过去的服役或就业经历中与军队有过接触，但对于大多数开发人员来说，他们的工作是与军事组织的第一次长期接触。这是一个年轻的团队，大多数员工的游戏开发经验不足5年。许多人是湾区大学的应届毕业生，拥有平面艺术、设计、动画，以及其他软件和技能相关课程的学位。即使按照人口统计学上不准确的电子游戏行业就业标准来衡量，这也是一个由20到40岁的白人男性游戏开发人员组成的庞大团队。[1]

大多数开发人员都是狂热的电子游戏玩家。有些人通常会在工作结束后留在游戏开发工作室几小时，以便使用工作室的电脑和设施进行个人娱乐。一个人告诉我，"所有这些新出来的游戏你都需要去试试。对我来说，我觉得这是我研究和发展的一部分。但其实就算我不以此为生，我还是会玩游戏。"虽然有时他们只是自己玩，但通常《美国陆军》的雇员们，要么在工作室的电脑上，要么在家里的电脑上，会一起玩一个集体社会类型的网络游戏。[2] 因为这些活动直接反馈到他们的游戏开发中，让他们了解最新的游戏、新闻、技术和文化基因，这些实践受到了游戏制作人的鼓励，他们试图将工作室维系成一个舒适且没有压力的空间。在游戏发行前的"最后关头"，也就是游戏发布之前任务被压缩到更少的时间段的时候，许多人会放弃游戏，在工作室工作到很晚，有时还会在那里睡觉。在这些经历中，《美国陆军》的游戏开发人员与其他游戏开发人员几乎没有什么不同。

但是《美国陆军》游戏研发人员的工作不仅仅局限于游戏的研发，同时这还是一个让他们成为虚拟士兵的社会化、机构化、军事化的过程。这在一定程度上是他们游戏主题的结果，因为平面设计师、高级技师、音响技师和艺术家都必须对军装、武器和条令的细节了如指掌。如下文所述，将该小组纳入陆军体制框架的努力进一步实现了这一目标。一些开发人员还把他们在军队的经历和对军队的兴趣带到了办公室：其中两人是美国军队的退伍军人，另一些人则是枪械爱好者，还有参加湾区警察部队的现场模拟训练演习的志愿者，当然还有热情的军事主题游戏的玩家。一位开发人员甚至在离开团队后成功地开始了他在军事装备射击和在民用市场上出售新式武器的事业[3]。因为这些影响，游戏设计团队展现了一种不同寻常的混合：军事化的自由主义意识形态，加上伯克利自由主义、时髦的反讽，以及对几乎所有与共和党有关的事物，尤其是对萨拉佩林的嘲讽鄙视。

在这种工作环境中，游戏开发人员在不同程度上发挥了士兵的主观能动性。在他们对自己工作的看法上尤其如此。美国家庭影院频道电视网的迷你剧《杀戮一代》（2008），是基于埃文·赖特作为随军记者随海军陆战队某部于2003年伊拉克战争时期的经历（2004）改编的，它作为许多分享的叙述之一，塑造了开发人员是从军事角度看待他们的工作关系以及与外部机构关系的看法。在亚拉巴马州软件工程理事会的现场经理被比作系列电影中的无能领导人，比如美国队长。沃丁斯基上校是另一系列电影中的教父。而我，作为一个人类学家，显然最类似于记者埃文·赖特。"我不认为你是一个间谍了。"沃克，一名开发人员，在我来到办公室一个星期后告诉我，"你更像一名随军记者，这意味着我们需要让你活着。"当我加入到开发人员的团队中，并参与了无数的工作室游戏测试时，我便明白了这种同志情谊也是通过电子游戏中虚拟军事战斗体验的分享式快乐产生并维系的。

后来，在一次采访中，沃克进一步扩展了他对开发团队和陆军单位的类比，他向我解释说："这是一个精英团队。我们是一群精英组成的尖刀班。我们被陆军选中来做这个游戏。这是一件大事，我想很多团队成员都认为这是理所当然的。……实战练习现场有30人，场外有4人。这是一支很紧凑的队伍；那是一个排大小的单位。这就是它的真正含义，一个排大小的单位，并且［制作人］像排长一样到处跑。我们有一个设计班、一个艺术班，而［执行制作人］就像一个中尉。"对许多陆军游戏开发人员来说，他们能够接触到士兵的一些特殊经历，对于他们能够将自己融入更大的军队机构中并能够理解士兵的情况具有重要意义。沃克住在加州，远离许多朋友和家人，他甚至设想过要将其在游戏方面的工作扩展到海外。

将团队比喻成一个军事单位的设想于我在《美国陆军》游戏开发工作室的整个期间不断出现，以解释其他情况和工作经历。但这也是一个在实际经历中真实存在的比喻，因为当军队派他们去新兵训练营时，研发团队中的许多人都是跟部队一起训练的。

第六章　虚拟战士的工作

事实证明，在我第一天的实地考察中，有那么多人穿着陆军作战制服，因为大约1/3的游戏开发人员——12名男性和1名女性——刚刚结束一项与工作相关的旅行，从杰克逊堡的陆军训练中心返回。和其他陆军游戏项目办公室的员工一起，他们自愿接受了为期五天的"迷你基本战斗训练"，也就是所谓的"迷你BCT"。在这短短的时间里，他们忍受了许多新兵训练营中重新社会化的折磨——喊号子、障碍训练、俯卧撑、自助餐厅、武器训练和讨厌的军士。他们被分到各班，睡在兵营里，并得到配有《美国陆军》的武器补丁的装备和制服。后来，一位参与者描述说："第一天是我一生中最糟糕的日子之一。"（见图17）

图17　"虚拟士兵"：《美国陆军》电子游戏文职研发人员在进行"迷你基本战斗训练"。陆军游戏项目组拍摄

这种折磨人的经历有很多目的。其核心目的是让游戏开发者体验新兵训练营，以便将他们对军队生活的新熟悉融入游戏中。许多研发人员将这次活动作为一个培养他们作为艺术家、声音技术人员、平面设计师、程序员和制作人专业技能的机会。游戏开发人员表示，他们的"迷你基本战斗训练"体验帮助创建了《美国陆军3》的框架引入部分，其中包括一个虚拟新兵训练营，在那里，用户通过练习障碍课程、熟悉武器以及实弹射击练习来学习操作。通过这种方式，开发人员在"迷你基本战斗训练"的经历成为一种从虚拟的游戏新兵训练营到游戏开发人员的迷你新兵训练营，再到应征士兵的"真实"新兵训练营这一系列参照序列中的中间标记。

美国陆军打算将新兵训练营的游戏演示作为真实陆军新兵训练营的一个人工标志。然而，我认为，《美国陆军》代表性进程要比这复杂得多。我更愿意认为游戏正是陆军想要他自己呈现的超现实叙事的一部分，这种叙事创造现实而非反映现实。这意味着《美国陆军》，从某种意义上说，延续了它所代表的东西，就像当代新兵训练营带给许多陆军新兵的体验被（例如"虚拟训练营体验"之类）丰富的叙事延续了一样，这普及了军事娱乐文化产业。

在强调这款游戏具有代表性的真实性时，新闻稿声称这款游戏是陆军的"虚拟试玩"，并且"不用参军就能如同在军中生活一般"。[4] 这款游戏的广告语也非常简洁地揭示了这一修辞上的缺陷，宣称《美国陆军》是一款独一无二的游戏，因为它具有真实的细节"，尽管这款游戏主要是由转包给地方的开发人员开发的，但它是"由美国陆军设计、开发和部署的"。[5]

第六章 虚拟战士的工作

美国陆军迅速宣布，他们已将游戏开发人员送到新兵训练营，招募他们作为虚拟士兵。在2009年6月《美国陆军3》发布之前，"迷你基本战斗训练"活动被用来在电子游戏玩家中进行炒作。美国陆军营销机构为这次活动制作了一段视频和照片，在网站上录制了视频，并穿插了对研发人员的回顾性采访和电子游戏片段。[6] 美国陆军脸书页面上的视频中称赞了这款游戏的真实性，因为"迷你基本战斗训练"的游戏体验，这款游戏显得更加正规有理："是什么让《美国陆军3》成为有史以来最真实的军事游戏？游戏开发人员要接受真正的陆军基本训练。看看他们如何在南卡罗来纳的杰克逊堡成为强大的陆军一分子，以及他们的经历如何让《美国陆军3》成为世界上独一无二的游戏。"[7] 两位开发人员在博客中描述了他们在"迷你基本战斗训练"的经历，他们在americasarmy.com的在线论坛上详细描述了他们的经历。各种开发人员的短视频预告使粉丝们能够看到幕后开发团队的工作和办公室。《美国陆军3》的一份新闻稿中用现实主义的宣传语言描述了研发人员如何转化为一个士兵，这意味着玩家通过游戏也可以进行类似的转换："没有人像世界上最厉害的陆上力量——美国陆军——那样知晓军事模拟。因此，当美国陆军开始制作《美国陆军》游戏，为平民百姓提供从军营到战场的作战经验时，他们派出了有才华的开发团队，就像招募的新兵一样去体验陆军训练。开发人员艰难地通过障碍课程、使用武器射击、观察伞兵训练，并与精英作战部队一起参加各种训练演习，所有这些都让你能够以最真实的方式体验士兵生活。"[8]

尽管"迷你基本战斗训练"体验带来了意想不到的体力挑战，

但几乎所有参加该活动的开发人员都将其作为帮助他们个人成长和理解军队的途径。一名开发人员在《美国陆军》的在线论坛上写道,他和其他同事"被怒吼、被责骂,被迫超越我们的生理和心理极限,但最终因为我们的忍耐和坚持而变得更加坚强"。另一位开发人员在回到办公室后告诉一些同事:"它改变了我。我不知道是好是坏,但它改变了我。"加州办公室唯一一位参加的女士说,她的经历"真的很感人,尽管不是完全的体验。这是在没有真正参军的情况下,你能进行的最大限度的尝试。如果早知道有多么困难,我绝不会选择去做,但我很高兴我做了。我不会是团队中唯一一个退出的人。作为一名女性,我要做很多[关于我工作上的]决定。"

通常,这些人之所以参加都有着出于职业考虑的原因。一位来自另一家陆军游戏项目办公室的制作人就是这样,他说:"对于我为什么要去做这件事,简单的回答是,我快40岁了,我真的很想知道我能不能应付。"他接着解释了他认为陆军派游戏开发人员去的原因,告诉我:"他们相信,我们越了解如何把平民变成士兵,我们就能更好地在我们制作的东西中描绘出这一点。我还认为,我们对战术、技术、训练和流程的了解越多,我们就能建立更逼真的场景,我们就越有效率。"

正如这位制作人所暗示的那样,"把平民变成士兵"不再仅仅发生在军事制度中;它已经成为美国媒体消费者日常生活中的一个片段。几乎每个美国人或心甘情愿,或不情愿,或不知情地成了战争的消费者,并参与了作为"军事常态"中一部分的国家调解的战争叙事。如《美国陆军》、虚拟陆军体验和陆军体验中心这类的

"软销售"，通过增加互动性的维度和用户代理的贴面，进一步促进了这种军事化主观性的产生。通过游戏使用户产生兴趣，以及通过《美国陆军》的网上材料与像虚拟陆军体验和陆军体验中心这样的公共场馆，在其他情况下可能会被斥为强硬的集权主义宣传的美国陆军信息变成了很容易被接受的一种"印象"。这种主体化的过程，起源于制度，但其运作似乎来自个人动机，说明了21世纪初权力是如何利用社会媒体、互动娱乐和信息共享网络的表面自由化性质的。

"迷你基本战斗训练"的市场营销和媒体功效，利用游戏开发人员作为士兵的情感表现向玩家解释并重新配置了军事力量，向玩家暗示他们也可以拥有陆军向游戏开发人员传授的知识和技能——通过在游戏阈空间参与，或者更好的方法是，通过参军来获取。通过这些不同的方法，《美国陆军》的研发人员和玩家都变成了虚拟士兵。

最后关头的无私奉献

随着研发人员返回加州，迷你基本战斗训练的故事继续时不时地在各种谈话中冒出来，这种经历成为《美国陆军》游戏开发中众多坊间传说中的一个。对一些人来说，这是他们在工作室工作中的一个值得一提的高潮，因为在迷你基本战斗训练之后的一年里，团队经历了艰难的时期。无论是内部还是外部，人们对于"新的《美国陆军3》应该是什么样"普遍缺乏方向和远见。这些问题的根源之一是令人沮丧和令人费解的军事承包和分包制度，它将开发团队与许多军队的体制支持分开。在伯克利附近的团队办公室与美国各地的其他办事处进行交流的方式让人困惑。开发团队名义上为一家私人公司工作。该公司与另一家大型私营军事承包商科学应用国际公司签订了开发《美国陆军》的合同，而后者又是与美国政府签订合同的。但游戏开发人员与这些私人雇主之间的接触很少；相反，他们的客户——美国军队和美国政府——在亚拉巴马州和西点军校的办公室监督了大部分项目的运作。

这种安排造成了许多困难。办公室里几乎每个人都觉得来自亚拉巴马对该项目的政府管理是不称职的。他们认为，在主要承包商（科学应用国际公司）和分包商（"数字咨询服务"公司）占用了游戏开发的很大一部分业务资金之后，向办事处提供的资金和机构支持的数额达不到他们开展工作的要求。他们觉得，游戏开发团队经常成为其他地方问题的替罪羊。在与开发人员本杰明的访谈中，我询问了他对团队之外的项目管理的感受，以及他们对游戏开发过程的理解。在参观工作室的时候，我无意中听到沃丁斯基感叹"游戏行业全是垃圾"，我想看看这是否是军方和政府中陆军游戏项目组成员的普遍观点："我认为他们啥也不知道。这种对制作这些东西的理解似乎并不稀奇。这些人就是不明白游戏是如何制作的。（艾伦："你觉得他们会说，'他们就只是一直在玩'吗？"）是的，'他们只是在胡闹！'他们并不真正了解所有的细节和具体内容——实际上需要做多少工作。"他告诉我，从这些局外人的角度来看，游戏开发过程被视为一种神秘的工作："最终的产品是所有这些有趣的东西，所有这些很酷的东西,所以对他们来说,这仅仅是一种幕后发生的'魔法',这样做一定很棒,因为玩这个产品很有趣。我想他们根本不知道每件事到底有多难。"

在一系列人事改革之后,开发团队中最有经验的成员出局,剩下的人对自己工作的稳定性感到沮丧和怀疑。这给项目管理带来了相当大的不利,但同时也给团队成员之间带来了更亲密的友谊。"没有人是出于对产品忠诚而在这里,"本杰明继续说,"经历了解雇风波之后,在这里的所有人,每个人都是出于对彼此的忠诚,以及对那些被解雇人员的忠诚。我们不会让他们曾经'试图让这个游戏走出这扇门'的努力蒙羞;我们不会因为放弃这个项目而搞砸彼此,因为那样的话人们就没有办法把这一笔光辉业绩写进简历里了。"当这在2009年经济衰退的最低点前后出现时,沃克评估了团队的士气:

> 如果我们能看到未来的一年,我们所有人——整个团队——都会感觉好得多。但这是一个严守的秘密。这是一个问题,一个巨大的问题。这是我们管理上的问题;这是陆军的问题。如果他们想继续这样做,这将是一个必须解决的问题,因为这对士气来说是很可怕的。……如果陆军不想让游戏开发人员整天都在找工作,那么陆军需要让他们觉得将来会有人照顾他们,而这正是严重缺乏的。

当这对他们的目的有用时,陆军成员设法使这种不满军事化,继续向分包的发展小组灌输一种融入比陆军更大的组织的感觉。《美国陆军3》发布前几个月，团队进入"最后关头"。在一次团队会议上，一名来访的高级军官试图鼓励这个过度劳累、人手不足的办公室。他用"无私的服务"来描述他们的工作，就像他们是士兵一样，这是陆军七大核心价值观之一。他对他们说："感谢你们容忍这出闹剧。但是你们不能放弃，因为你们代表的是一个永不放弃的组织。如果你们所代表的组织持放弃的态度，这个国家就不会在这里。我不管谁付钱给你们，你们是在为陆军工作。你们得像特种部队那样用更少的钱做更多的事。你们得有特种部队的心态……'9·11'之后，每个人都想将坏人分而食之。你们为战争付出了巨大的努力。"

虽然高级军官的策略似乎没有在激励开发人员方面发挥作用，但他廉价的陈词滥调和爱国的呼吁并不能被否认。开发人员为自己的工作感到自豪，大多数人都很高兴能创造出某种既非商业性，同时又为军队所用的东西。因此，尽管在项目管理层面上与个人有分歧，但整个办公室在体制层面对"大陆军"的取向是积极的。但是，对于工作保障、更有竞争力的薪水和更好的福利待遇的迫切需求，以及为了确保《美国陆军3》能及时发布所需的资源——当时几乎每个人都在考虑这些问题。当他们将这些问题反馈给这位高级军官时，他解雇了他们并告诉团队，"我认为这不是一个大问题"。但是一些研发人员坚持并向他请求道："我们失去了人才，不能吸引人才，因为我们无法支付有竞争力的报酬。我们想继续为这个项目工作，但［管理层］已经搞砸了。"这位军官选择不考虑这些现实，反而将其视为一种威胁，并问团队："问这个问题的意思是'我们要退出'吗？"

通过暗示游戏研发人员纯粹是出于"抓坏人"的爱国目的，而忽略了游戏研发人员是劳动者这一事实，这位高级军官再现了许多士兵的处境，他们主要是出于经济原因加入军队，却不得不说自己服役是为了报效国家。"无私服务"的说法神话了军中雇佣者和军事承包商雇佣者所考量的经济因素，掩盖了底层的经济逻辑。人类学家安德鲁·比克福德写道："如果我们把美国军队看作一个劳动力市场，把他的士兵看作工人，那么他就会发现自己处于胁迫和剥削的地位，迫使士兵们战斗和继续战斗；这是一种劳动合理化的形式……这对士兵没有多大帮助"。他对士兵劳动的描述也适用于游戏研发人员的工作，因为这些虚拟士兵被要求在最后关头为报效祖国而继续工作，这本质上是一种类似士兵情感素质的体现。

2009年6月17日，当《美国陆军3》成功完成并发布给公众免费下载时，突然一切都结束了。当这一天的工作结束时，我陪同开发人员来到他们最喜欢的埃默里维尔酒吧庆祝。第二天早上，我们来到工作室，发现通常昏暗的办公室灯火通明，所有的电脑都被锁住了。在那一天，除了少数员工之外，大部分人都在没有事先通知的情况下被解雇了，埃默里维尔开发办公室也被关闭了。沃丁斯基本人没有露面，而是选择派他的副手迈克·马蒂少校去，就像收拾不听招呼的士兵一样。软件工程理事会的一名代表将此举称为"整合"，他告诉记者，裁员"将使我们在公共应用和政府应用之间提高效率"。然而，根据其他非官方消息来源，该项目根本没有资金。由于经济衰退，参军人数增加，据报道，现有的资金只够用于"维持病人的生命"。[9]尽管《美国陆军》在过去几年里取得了相当多的征兵成就和宣传效果，但这些新奇的举措在财政上的重要性已经降低了。我被告知，陆军游戏项目组的资金通常是由各种陆军组织的可靠年度预算结余拼凑而成的，只实现了之前水平的15%。

主要是由于之前存在的外部问题超出了加州工作室的控制范围，这款免费游戏在发布后几周内崩溃了。执行制作人迈克·博德与其他两人在2009年夏天一直留在这个团队，帮助解决这些问题，但仅靠3个人的努力是不够的。这款免费游戏很快就失去了人气和用户。沮丧的玩家，其中许多是士兵和退伍军人，期待了好几个月等下载，他们很自然地把裁员的消息等同于对《美国陆军3》崩溃的报应。一位前开发人员愤怒地反驳了玩家们对游戏及其研发人员越来越多的批评，他在americasarmy.com论坛上发表了一条评论（被论坛管理员迅速删除）。他恳求粉丝们"想象一下，试着在一个不可能的截止日期内打造一款游戏，同时员工数量还（因为解雇）在不断减少，还没有人手能调进来，并不断被错误的信息误导，'上级'完全无视你每周的请求增加时间，或者给予更多的人力来进行大量的无偿加班。你全身心都倾注在一场不幸中，却因为无法控制的变数而让穿制服的人嘲笑你……就在你刚丢掉工作的时候"。

就在下岗的同一天，一盒《美国陆军3》的衬衫到了，这是他们自己订购并付款的。一位开发人员告诉在场的人："他们应该给我们做一件衬衫，上面写着，'我做了一个电子游戏，我所得的只有这件衬衫'。"所有开发人员通过多种渠道都突然痛苦地意识到，尽管他们的经历与实际的士兵相似，但最终，他们只是美国军方承包商的下级分包商的前雇员。具有讽刺意味的是，"陆军照顾自己人"这句话在裁员后的几天里被不断重复。他们一直明白，他们不是"自己人"的一部分，而且，不管怎么说，陆军甚至连"自己的"退伍军人都很少能充分照顾到。但是，他们的表述中有一种异常的痛苦，这种痛苦甚至就算对刚下岗的工人来说也是特别突出的。这种怨恨很大程度上源于一种日益加深的认识，即他们的经历和许多美国士兵的经历特别相似，最为接近的是他们最终感到被军方遗忘、不被赏识和抛弃（见图18）。

对于开发人员情况的独特性可以做很多的争论。但是，我在这里描述他们经历的主要目的，并不是为了引起对他们的同情，也不

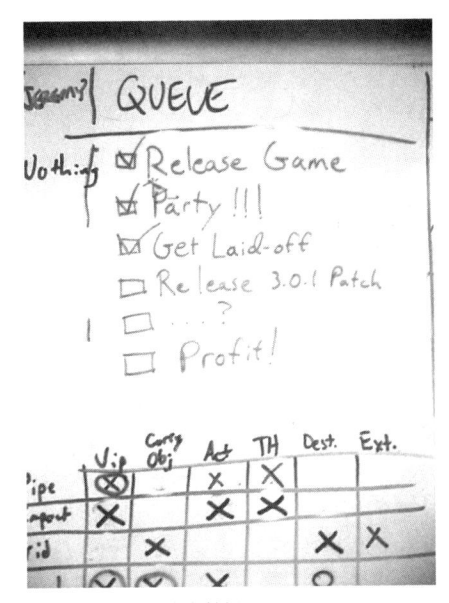

图18 开发中心裁员当天的照片。作者拍摄

是为了表明他们的处境有多么不同寻常。不幸的是，游戏开发人员的突然失业并不是一种反常现象，特别是在2009年6月加州的失业率迅速下降到接近12%的时候。电子游戏劳动力市场的波动，伴随着大规模裁员，多年来一直是行业常态和后福特主义原则。

相反，我的目的是通过解释开发人员的情况阐明美国流行文化军事化的总体趋势。开发人员作为虚拟士兵被招募，凸显了文化产业的普遍动员，以及作为战争工具的劳动者的认知能力。军队的公司化和公司的军事化是这一趋势的根本动力，而这一趋势正在加速。随着越来越多的私人雇佣兵在美国的海外占领和反恐行动中被雇佣；随着越来越多的企业通过五角大楼的资助计划签订合同；随着数字技术的能力提高了军事娱乐的沉浸性；随着社会科学家将文化和民族志武器化，新形式的虚拟士兵将会出现。也许迟早每个人都应该问问自己，"我怎么能成为一个真正的士兵"？

注　释

1. 有关本文所述事件发生时交互式行业就业规范的调查。参见 http://www.gamecareerguide.com/features/416/the_game_industry_salary_survey_2007.php?page=1，访问于 2014 年 8 月 13 日。
2. 维尔福软件公司的《军团要塞 2》和《求生之路》是工作室最受欢迎的游戏。
3. 参见 http://www.milspecmonkey.com，该网站设计和销售军用装备和补充包。
4. 该声明也对其他陆军游戏项目组产品，比如虚拟陆军体验有效。
5. 例如，可参见 http://forums.dmccaer.co.uk/index.php?showtopic=2621 访问于 2014 年 8 月 15 日。
6. 关于这些视频，参见 https://www.youtube.com/watch?v=aY35d-lTVoY，访问于 2014 年 8 月 15 日；https://www.facebook.com/video/video.php?v=209342018104，访问于 2014 年 8 月 17 日。
7. 视频与文字可见于 https://www.facebook.com/video/video.php?v=209342018104，访问于 2015 年 11 月 20 日。
8. 参见 http://www.goarmy.com/downloads/americas_army.jsp，访问于 2010 年 3 月 1 日。
9. 两年后，《美国陆军》的软件工程理事会项目经理在电话中告诉我，陆军游戏项目组许多之前的项目，包括埃默里维尔工作室的项目都被取消了资金，"这是政治性的。都是政治上的。"陆军游戏项目组的另一位高管跟我说，"资金管理绝对存在不当之处"，这是一场"巨大的管理失败"，因为在游戏发行后，他们甚至没有钱去开发游戏。

后　记

教　父

在解雇事件发生一个月前,我第一次被问到这个问题,那是在2009年的游戏开发商会议上,他们在W酒店的房间给电子游戏记者放映《美国陆军3》的独家预览。沃丁斯基和我及一些软件工程理事会的政府雇员在聊天,他问我:"你看过《教父》这部电影吗?"

"看过。"我回答。

"你是个好人,是吧?"他问,"嗯,我希望你是,不然的话我会料理你并把你杀掉。"

"我不认为那是陆军会干的事,先生。"我回答。

"我不是在说陆军,"他澄清道,"我说的是我自己。"我所能做的就是假笑,不知道该如何理解这句话。我记得另一个轻率(但同时也非常严肃)的评论,陆军体验中心的五角大楼项目主任拉里·迪拉德少校在费城告诉我:"说实话——不要说不好的事。"就好像"实话"就是仅仅反映美国陆军"好"的方面。

当你的主要研究对象——一位上校——威胁你时,作为人类学家,你会做些什么?诚然,当时的谈话背景是与其他陆军游戏项目组主管在走廊里的随意闲聊,带有开玩笑的夸张成分,但我和沃丁斯基及那些认识他的人在一起很久了,他们知道他的威胁,无论是隐含的还是随便说的,都是不可掉以轻心的。正如我上面所描述的,沃丁斯基喜欢把自己称为"教父",一些研发人员也很喜欢这么说,他们把他比作弗朗西斯·福特·科波拉导演的电影中的"教父",以及在埃文·赖特的书和美国家庭影院频道迷你剧《杀戮一代》(2008)中绰号为"教父"的另一位上校。沃丁斯基有时会在他的商业和就业实践中使用黑手党的残忍手段——这主要是因为财政和制度上的需要,但开发人员们有时也会觉得,这同时也是因为复仇是"失败的代价"。

我经常回想起这段对话,想知道沃丁斯基在比较陆军游戏项目组和黑手党(以及我对陆军游戏项目组的忠诚问题)时想要达到什么目的。我还思考过,如果他觉得需要这样一个暗示性的威胁的话,为什么一开始他会允许我进行研究。我从他那里得到的最直接的回答是,作为一名学者和军官,他认为无论以何种方式支持研究,都是他的义务。我没有任何理由怀疑这种诚意,因为沃丁斯基已经表明,他不仅愿意接受新的想法,而且愿意为其采取行动。现在我明白了,通过他的黑手党式威胁,沃丁斯基正在干预我见证已经计划好要实施的裁员,以及我对那个事件难看后果的记录。2006年,他给了我研究的机会，当时陆军游戏项目组在资金和活动范围上达到了顶点，但到了这次事件时，随着全球经济的发展，该项目资金不足并且崩溃了。在 2006 年，他没有预见到我会目睹这个项目的失败，现在他对我可能会写的所有这些都避而不谈。

我把我能得到对陆军游戏项目组这次不同寻常的接触机会看成是某种程度上带有政治动机的。这个争夺资金和合法地位的机构由于我的研究和存在，可能给沃丁斯基和其他人在几个方面提供了潜在的效用。我认为，把我看作某种类型的"间谍"是有道理的，因为我有能力时不时地从一家机构跳到另一家机构。我还没有天真到认为工作中的严重政治障碍并没有给我与他人的关系蒙上阴影。一些游戏开发人员成了我的朋友，我不可避免地更经常地从他们的角度看事情。然而，我确实认为，作为一名外部学者，"客观"帮助我更容易地提出难以启齿的问题，并获取那些深陷在陆军游戏项目组工作环境内的人无法获得的信息。虽然我从来没有传达过任何信息，这会违背我保护"研究对象是谁"的隐私的首要义务，但当其他人询问我对这个项目组的看法和各办公室的总体氛围时，我是诚实的。我的访谈常常让人觉得这是一个让人们讨论他们的工作挫折和抱负的机会。

许多人把我比作战地记者，或普通记者，在我接触过的所有机构中，软件工程理事会是最不情愿和我接触的——无论是在他们位于红石兵工厂的大楼里，还是在其他任何地方，他们在交流中是最谨慎的。如果不是沃丁斯基的支持，我想我根本不会踏入亚拉巴马州的基地。其他公司，比如"点燃"公司，似乎很欣赏一位学者试图以自己的方式来看待他们的产品，而不是一开始就带着批评的眼光。而其他机构——包括沃丁斯基本人——似乎把我看作一次公关的好机会,是传递他们"信息"的另一种方式。有一位外部学术研究人员作陪或许在军事和政府界为该项目增加了一点点合法性,但我并没有自欺欺人地以为,人们普遍认为我仅仅是在场就可以为陆军游戏项目组增加价值。在陆军游戏项目组的体制结构中,我知道我自己作为人类学家的劳动在某些小地方起作用,就像我正在研究的研发人员一样,我也被招募成了一个虚拟士兵。

在这本书中,我认为虚拟士兵是当代美国军事机构对个人施加权力的核心。虚拟士兵是一种非物质劳动,它不需要一个人成为一名真正的士兵,甚至不需要他有成为未来士兵的愿望。在某些方面,《美国陆军》的开发人员和我都被征召为虚拟士兵,但《美国陆军》的整个特许经营以无数其他方式为不同的个人服务:在虚拟陆军体验和陆军体验中心;通过真实英雄的故事,比如汤米·里曼的故事,与其他《美国陆军》的敌人进行对比;通过沃丁斯基在游戏暴力的社会和政治争议中对游戏的谨慎定位;通过在洛杉矶举行的电子游戏会议上,由真正的士兵演示的侵入;在漫画书中或者通过像PJ这样的玩家的经历——在所有这些情况下,虚拟士兵都会出现。

虚拟士兵远远超出了一个游戏。自2002年《美国陆军》在洛杉矶会议中心首次亮相的"E3入侵"以来,军事娱乐经历了快速的演变;整个经济部门、劳动形式、娱乐方式和信息网络在数量和质量上都更加军事化。《美国陆军》标志着美国文化军事化的一个重要篇章,这至少从20世纪50年代就开始了。从历史的角度来看,这里所考察的《美国陆军》的权力和生产网络不应被视为一个例外或奇怪的反常现象，而应被视为更先进的招募和广告方法的先兆——不仅对军方，而且对企业和产品也是如此。游戏和虚拟界面越来越多地用于招募、教育、培训和武器开发。它们被用来调解和进行实际战斗，正如它们也经常被用作娱乐、社交甚至新闻和信息的工具一样。随着这些视觉技术继续融合成我们所认为的虚拟和实际的体验，虚拟中介不仅在日常娱乐和社交中，而且在战争和我们的消费中将变得更加显著。

不过，目前还不清楚《美国陆军》在这一过程中将继续发挥多大作用。在加州工作室关闭后，游戏的开发被软件工程理事会完全接管，制作完全转移到亚拉巴马州。前任执行制作人菲尔·德卢卡在裁员前两个月预测了这一切，并向我暗示，该项目组"完全是为软件工程理事会接管来安排的，它是一个政府实体，有很大的惰性。这不是快速运动的惯性。他们喜欢控制事物，任何超出他们直接控制范围的东西，最终都会被拉进来。他们很慢，就像海星，所以他们会继续拉扯，直到蛤蜊放弃挣扎"。尽管该项目组在 2016 年仍在运营，但不得不削减许多风险投资，包括虚拟陆军体验。具有讽刺意味的是，虚拟陆军体验在 2009 年整个项目裁员前两周举行的卓越营销奖颁奖典礼上赢得了两个艾菲奖。2010 年，虚拟陆军体验获得了"政府/机构/招聘"类别的艾菲奖金奖和"品牌体验"的银奖，陆军和"点燃"公司还在"品牌体验"类别中凭借陆军体验中心赢得了铜奖。现在改名为"软件工程理事会陆军游戏工作室"，《美国陆军 3》继续得到最低限度的支持，软件错误修复和更新版本在半定期的基础上发布。2010 年，沃丁斯基从军队退休，成为亚拉巴马州亨茨维尔市学校的院长，这表明他不可能继续参与该项目，特别是考虑到第五章讨论的教育和军事机构之间的联系就更不可能了。

2013年，软件工程理事会试图通过发布一款新游戏《美国陆军：试验场》来重新点燃人们对美国陆军的热情，该游戏主要以《美国陆军3》为基础，但游戏风格更为简化和流畅。泽瓦尼亚仍然是这款游戏和美国陆军漫画小说系列里的威胁，该系列自2016年起将继续在平板电脑、智能手机和个人电脑等平台发布免费下载。自从2009年《美国陆军3》发布以来，泽瓦尼亚敌军的视觉形象已经与俄罗斯军人更为相像，鉴于普京领导的俄罗斯和美国领导的北约联盟正在叙利亚和乌克兰进行的"代理战争"，这种恐吓战术的发展并非没有后果。《美国陆军》的这个不断演变的虚幻之敌，与2002年游戏中最初模糊的中东戴滑雪面具的"恐怖分子"的敌人大相径庭。虽然这样的表述反映了当前的地缘情况，但他们也使媒体用户的预测与未来可能的战争现实相匹配。

下一场美国战争——无论何时何地——无疑将包括征募虚拟士兵，他们以其他类似的方式接受训练，同时塑造战争预期，并使身体适应未来军事机构对战争劳动力的需求。正如无人机驾驶员的技能已经通过游戏和模拟得到了锻炼一样，智能手机、增强现实和虚拟现实等快速发展的技术或许已经在塑造虚拟士兵的新形式。这些数字技术当然是为了其他目的而工作，这些目的可能是减轻和减少军事化暴力，以及理解一个日益互联的世界。然而，在不久的将来，游戏和模拟技术将继续在训练一支由"虚拟士兵"组成的"后备军"中占据中心地位，成为美国数字陆军的日常消费者和媒体用户。

致　谢

我需要感谢许多人，不仅要感谢他们为本书内容做出的贡献，也要感谢他们在我创作过程中对我的鼓励。玛丽·亚卡恩、丹妮·霍夫曼、洛娜·罗兹、大卫·普赖斯、克里斯潘·瑟洛提供了极好的资料反馈。包括亨利·劳沃德、瑞贝卡·卡尔森、尤西·帕里卡、斯韦克·芬斯托姆、尼尔·怀特海德在内的许多人对本书各方面都起了很大的作用。感谢麦克·伊达、麦克·博德、约翰逊·布里斯及埃里希·伊万斯，他们为本书一些特定章节的初稿做了核查研究。

我还要感谢那些陆军游戏项目组的成员，他们愿意为我的研究敞开大门。如果没有凯西·沃丁斯基的授权，我对这个项目组的研究也不可能成行。菲利普·博桑特和麦克·博德也非常慷慨地给予了我这个外来研究人员进入他们游戏开发研究室的全部权限。还有一些其他陆军游戏项目组的成员，数不胜数，难以一一注明。他们都为我的研究贡献了时间，接受访问、带我参观、回答我的各种问题。我要特别感谢《美国陆军》的游戏开发人员，在某种意义上来说，他们接纳我成为这个团队的一员，并让我得以一探他们的生活。

如果没有必需的国家科学基金会和华盛顿大学人类学系的学术授权，这个研究计划也不可能开展。切斯特弗利兹基金会为本文的初步撰写提供了极大的帮助。我还要特别感谢德国吕讷堡大学高等研究院的计算机模拟媒体文化中心，该中心的研究人员为本书成文提供了大力支持及关怀。尤其要感谢安妮·迪佩尔和亚当·佩奇，他们的谈话和建议对本书大有裨益。

感谢路易斯和威廉，他们的建议和意见使得一切都得以顺利进行。最重要的是要感谢桃乐茜·程，我最好的批评者和共鸣者，我进行游戏、研究、实地调查及写作的整个过程都有她的陪伴。

本书的部分章节之前已经以不同的形式问世。第一章和第六章的要素最早在尼尔·L.怀特海德和斯韦克·芬斯托姆主编的《虚拟战争及神奇的死亡：关于恐惧和杀戮的技术及想象》一文（达勒姆，北卡罗来纳州，杜克大学出版社，2013年版）中的"虚拟战士，认知劳动者"这一章节。第二章的删节版在《美国军队及其对于有天赋者的招募和管理：采访凯西·沃丁斯基》(《游戏及虚拟世界杂志6》，2014年第二期）中刊登。第三章的部分内容在《美国军队的虚幻之敌》(《游戏及文化6》，2011年第一期）及《没有眼泪的游戏，没有前线的战争》(《战争、技术、人类学》，科恩·斯托肯编，纽约，博格安出版社，2012年版）中收录。第四章关于虚拟陆军体验的部分内容最初出现在《在印第安纳波利斯穿越的部队：关于虚拟陆军体验的实地研究》(《划时代的作品及文化1》2009年第二期)中。

词汇表

军方为了避免平民能够看懂，于是选择将缩写、首字母缩略和新概念混合，所有这些都富有想象力地排列在 PowerPoint 幻灯片上，甚至连符文学家……都处于一种略显困惑的敬畏之中。

——詹姆斯·德·德里安，《道德战争》

AA 3

《美国陆军 3》，2009 年 6 月 17 日发布。

AAFA

美国陆军未来的应用，位于新泽西州的皮卡汀尼兵工厂。

AAGA

美国陆军政府应用程序，位于"虚拟英雄"内。

AAPA
美国陆军公共应用,在加利福尼亚设有办公室,按照时间顺序,先后分别位于海军研究生院的移动研究所、福特奥得和埃默里维尔。

AEC
陆军体验中心,位于宾夕法尼亚州费城富兰克林米尔斯购物中心,由五个陆军招募中心、一个电子游戏游戏厅和活动中心组成。

crunch time
游戏开发工作中的一段未特定的时间,这段时间通常是为了软件的发布或更新。工作时长通常急剧增加,以至于许多人不得不忽视社会和家庭义务,熬夜甚至通宵工作。

DCS
Digital Consulting Services 是在加州为《美国陆军》工作的大多数游戏开发者的雇主。

First-person shooter
第一人称射击游戏是一种电子游戏类型,玩家主要或完全以第一人称视角在 3D 环境中进行游戏。最具玩家代表性的就是一把枪,在武装战斗中最常见的游戏方式是射击目标——目标可能是人类、外星人等。第一人称射击游戏类型的一个分类是军事主题的第一人称射击游戏。第一人称射击游戏越来越普遍地提供单人叙事游戏,其中战斗发生在与电脑对手的对抗中,同时还提供在线多人游戏选项,使玩家能够在竞技场比赛中与人类对手对战。《美国陆军》是这一趋势中的一个例外,除了基础训练之外,它不提供任何单人叙事,而大多数游戏玩法发生在在线或本地联网的多人战斗中。

"honor"
《美国陆军》网络游戏中给予玩家(通常从 0 到 99)的一个度量单位和声望。"荣誉"是许多数值的总和,是衡量玩家技能、玩家扮演特定角色的时间长短以及玩家遵守游戏交战规则的能力或意愿的通用指标。那些经常违反交战规则的玩家通常会获得较少的"荣誉",新手和技能较差的玩家也是如此。

Ignited

《美国陆军》特许经营的洛杉矶营销机构,负责网络游戏的推广,以及虚拟陆军体验和陆军体验中心的设计、实现和生产。

MOS

军事职业专业。

MOVES

位于加利福尼亚州蒙特利海军研究生院的建模、虚拟环境和仿真研究所,由迈克·芝达创建,是《美国陆军》的第一个开发工作室。

NPS

海军研究生院,在加利福尼亚州蒙特利市。

OEMA

经济和人力资源分析办公室,位于美国军事学院(西点军校)社会科学系;《美国陆军》所有相关项目的直接军事监督办公室,包括位于软件工程理事会的项目。

ROE

交战规则。

SAIC

科学应用国际公司,一家大型军事承包商,是美国陆军的"主要"承包商。2013年,科学应用国际公司拆分为两家公司,一家是雷多斯,另一家是新成立的仍然延用"科学应用国际"名称的公司。

SED

软件工程理事会，位于亚拉巴马州红石兵工厂的美国政府机构，负责监督陆军游戏项目组的项目管理，包括政府培训师、"虚拟陆军体验"和《美国陆军》电子游戏等项目。

SME

主题专家，通常指就军队的特定方面向平民提供建议的士兵（士官或更高级别的军官）。在"虚拟陆军体验"中，主题专家本质上是一名导游，是已入伍的"点燃"公司的雇员。以《美国陆军》和其他陆军游戏项目培训工具为例，在军中服役的资深主题专家为游戏研发人员提供关于游戏内容和呈现的建议。

VAE

虚拟陆军体验，是一个在美国各地巡游的移动任务模拟器。

Virtual Heroes

位于北卡罗来纳州罗利，现在归应用研究协会所有，之前是一家独立的公司，是美国陆军政府应用合同的开发工作室。"虚拟英雄"为《月球基地阿尔法》的研发做出了贡献，《月球基地阿尔法》是美国国家航空航天局资助的一个免费的公众模拟游戏。这家公司已经成长为一家领先的严肃游戏开发商，通过使用虚幻游戏引擎（《美国陆军》使用的相同引擎）开发政府训练模拟，为美国政府机构，如联邦调查局，从事其他项目。

Zombie Studio

僵尸工作室，现在已经关闭，它是一家总部位于西雅图的工作室，除了开发独立的商业游戏外，还定期作为陆军游戏项目材料（"虚拟陆军体验"和《美国陆军3》）和其他国防部项目（例如"未来部队连长"）的分包开发商。

© 民主与建设出版社，2021

图书在版编目（CIP）数据

美国的数字陆军：关于工作及战争的游戏 /（美）罗伯逊·艾伦著；曲平，陈兴圆译. -- 北京：民主与建设出版社，2021.3（2021.5 重印）

（娱乐时代的美军形象塑造系列译丛 / 李相影，张力主编）

书名原文：America's Digital Army:Games at Work and War

ISBN 978-7-5139-2723-9

Ⅰ. ①美… Ⅱ. ①罗… ②曲… ③陈… Ⅲ. ①军事游戏—电子游戏—研究 Ⅳ. ① G898.3

中国版本图书馆 CIP 数据核字（2020）第 262450 号

AMERICA'S DIGITAL ARMY: Games at Work and War
by Robertson Allen
Copyright © 2017 by the Board of Regents of the University of Nebraska
Published by arrangement with THE UNIVERSITY OF NEBRASKA PRESS
Simplified Chinese translation copyright © 2021
by Ginkgo (Beijing) Book Co., Ltd.
ALL RIGHTS RESERVED
本书中文简体版由银杏树下（北京）图书有限责任公司出版
版权登记号：图字 01-2021-0510

美国的数字陆军：关于工作及战争的游戏
MEIGUO DE SHUZI LUJUN: GUANYU GONGZUO JI ZHANZHENG DE YOUXI

著　者	［美］罗伯逊·艾伦
译　者	曲　平　陈兴圆
选题策划	后浪出版公司
出版统筹	吴兴元
编辑统筹	郝明慧
责任编辑	王　颂　郝　平
特约编辑	王　凯
封面设计	墨白空间·黄海
出版发行	民主与建设出版社有限责任公司
电　话	（010）59417747　59419778
社　址	北京市海淀区西三环中路 10 号望海楼 E 座 7 层
邮　编	100142
印　刷	北京盛通印刷股份有限公司
版　次	2021 年 3 月第 1 版
印　次	2021 年 5 月第 2 次印刷
开　本	889 毫米 × 1194 毫米　1/32
印　张	7.25
字　数	179 千字
书　号	ISBN 978-7-5139-2723-9
定　价	39.80 元

注：如有印、装质量问题，请与出版社联系。